Indice

Introduzione

"Se un viaggiatore nel tempo potesse arrivare dall'Ottocento, faticherebbe certamente a riconoscere il mondo, ma se entrasse in una classe capirebbe facilmente di essere a scuola […]"
(Biondi G., 2007)

L'incipit di questo libro del 2007 suggerisce un'idea di scuola statica, anacronistica, immobile, che non si è trasformata andando di pari passo con la società contemporanea in continua trasformazione in cui viviamo: è un'immagine spietata che però rappresenta la realtà delle scuole italiane dei nostri tempi. Così continua Giovanni Biondi: " […]. Le nostre scuole assomigliano in modo sconcertante alle foto dei primi anni del secolo scorso o addirittura alle illustrazioni delle aule scolastiche della metà dell'Ottocento […] Quello della centralità dell'insegnamento e della trasmissione del sapere, della comunicazione dell'insegnante e della lezione frontale, del ruolo dei libri di testo e dei quaderni, della scrittura come principale modalità di espressione e dello studio come sistema di apprendimento, restano le principali ragioni della longevità dell'aula e anche, nel bene e nel male, la ragione dei successi e degli insuccessi della scuola, delle difficoltà di apprendimento degli studenti". (Biondi G., 2007). Allora, come è possibile sovvertire questo modello "ottocentesco", in bianco e nero, per trasportarlo nella società dei nostri tempi, a colori, multimediale, digitale, eternamente connessa e in continua trasformazione? Attraverso una profonda innovazione, partendo dal basso per poi arrivare al vertice del cambiamento, come dimostrato dalle esperienze di "Rete Scuola Senza Zaino" e dalle idee innovative di "Avanguardie Educative".

La tesi qui presentata ha l'obiettivo di dimostrare come l'innovazione scolastica sia possibile, attraverso una revisione del curricolo a partire dalla scuola dell'infanzia, fino alla scuola secondaria di primo grado, con l'introduzione delle TIC (Tecnologie dell'informazione e della comunicazione) come materia disciplinare; con un ripensamento delle materie in chiave multidisciplinare – accorpando o eliminando alcune materie - e con un cambiamento del modello scolastico, attraverso una revisione di tempi, spazi e metodi, adottando le proposte delle Avanguardie Educative e di altri esempi di scuola innovativa, come le "Scuole Dada" e il "Reggio Emilia Approach".

Capitolo 1. Perché la scuola italiana necessita di innovazione?

La scuola italiana non è essenzialmente cambiata dall'Ottocento ad oggi, fatta eccezione per alcuni sporadici esempi o piccole introduzioni innovative. Tuttavia, la lezione frontale, il docente come principale protagonista dell'insegnamento e dell'apprendimento, i banchi disposti in file ordinate che non permettono il movimento, la passività degli studenti, la centralità dell'aula e il metodo trasmissivo, l'assenza quasi totale di attività laboratoriali, sono ancora oggi gli elementi chiave del modello scolastico attuale italiano.

Durante la pandemia del Covid-19 questo modello ha subito una "trasformazione" ed è stata introdotta una nuova modalità di apprendimento e insegnamento: la DaD, ovvero la didattica a distanza, con le lezioni online. La DaD era necessaria in quanto il 4 Marzo 2020 è stato firmato il DPCM che ha stabilito la chiusura delle scuole, a fronte dei numerosi casi di contagio da Covid-19. Dall'emanazione del decreto ministeriale, tutte le scuole hanno dovuto riorganizzare le loro modalità didattiche e formative, in quanto la chiusura non ha riguardato un periodo limitato di tempo, ma si è protratta fino alla fine dell'anno scolastico. Il Ministero dell'Istruzione ha stanziato 85 milioni di euro per consentire alle istituzioni scolastiche statali di dotarsi di piattaforme digitali per la DaD, per fornire computer agli studenti meno abbienti e per sostenere la formazione dei docenti sulle metodologie e le tecniche della didattica a distanza. (Ranieri M., 2020)

In molti casi però, si è trattato di una "trasposizione" della stessa modalità di insegnamento frontale e unidirezionale, uguale a quella che avveniva in classe. Come emerge nella ricerca di Maria Ranieri, "La scuola dopo la DaD. Riflessioni intorno alla sfida del digitale in educazione", ci sono stati diversi studi che hanno dimostrato l'inefficacia della DaD. La ricerca SIRD (Società Italiana di Ricerca Didattica) del 2020 sulla DaD sottolinea che:

- nel periodo della DaD sono state riproposte le strategie didattiche tipiche della scuola in presenza (videolezione con spiegazione, compiti a casa, libri di testo);
- gli insegnanti erano sostanzialmente impreparati ad affrontare la didattica con gli strumenti digitali;
- la dispersione scolastica e la gestione dei processi valutativi emergono come le maggiori criticità

Una ricerca di INDIRE (Report preliminare, Luglio 2020) dimostra che l'84% dei docenti ha seguito dei corsi di formazione durante il lockdown. Ulteriori ricerche riportano lacune sul versante della progettazione didattica (OECD, 2020), in quanto l'attività non è stata rimodulata sul setting della rete, ma è stata trasposta con alcune rimodulazioni orarie e di contenuto. Una ricerca dell'Education Endowment Foundation (2020) rileva come la sospensione della didattica d'aula abbia riportato la lancetta indietro di 11 anni in termini di apprendimenti scolastici, accentuando povertà educative e divari socio-culturali preesistenti. Per quanto riguarda invece la valutazione, le difficoltà di ripensare le modalità valutative tradizionali (ad esempio, interrogazioni orali o compiti scritti), sostanzialmente inadeguate alla didattica digitale, hanno fortemente disorientato il corpo docente: in pochi casi, è stata valorizzata la valutazione formativa, mentre nella maggior parte delle situazioni, le soluzioni adottate non sono state ritenute soddisfacenti (Ranieri et al., 2020).

1.1. Che cos'è l'innovazione, l'ambiente di apprendimento e il curricolo

Date queste premesse, la scuola italiana necessita di un profondo processo di innovazione.

Ma che cos'è l'innovazione? L'inserimento di un computer all'interno di un'aula, non è un'innovazione. Non lo è nemmeno l'inserimento della lavagna LIM (lavagna interattiva multimediale), l'utilizzo del registro elettronico o l'assegnazione dei compiti attraverso piattaforme come Google Classroom. Questi rappresentano dei passi in avanti notevoli, ma ancora insufficienti per attuare una vera e propria innovazione. Il termine "innovazione" è relativo al contesto nel quale questa viene applicata ed ha tre caratteristiche:

- contiene originalità;
- produce benefici;
- elabora nuove idee o tecnologie, attraverso la ricerca (Biondi G., 2007).

L'innovazione quindi, in qualsiasi contesto, è possibile solo attraverso un'attenta ricerca, introducendo una tecnologia o una modalità nuova rispetto al modello che si intende innovare e cambiando l'asset. "Il processo di innovazione segue un movimento a spirale, che parte dal basso, come mostrato nel modello del processo innovativo proposto da Murray, Caulier-Grice, e Mulgan (2010).Secondo questo schema (Fig. 1) il ciclo dell'innovazione sociale è composto da sei diverse fasi, ordinate come segue:

- Suggerimenti, ispirazioni e diagnosi
- Proposte e idee
- Prototipi ed esperimenti
- Conferme
- Organizzazione e diffusione
- Cambiamento del sistema di riferimento

Naturalmente, nella realtà, molte di queste fasi si sovrappongono e possono presentarsi in un ordine diverso. Alcuni operatori ad esempio iniziano con un'esperienza pratica o un prototipo e soddisfano pienamente i reali bisogni molto più tardi". (Niglio E., 2018).

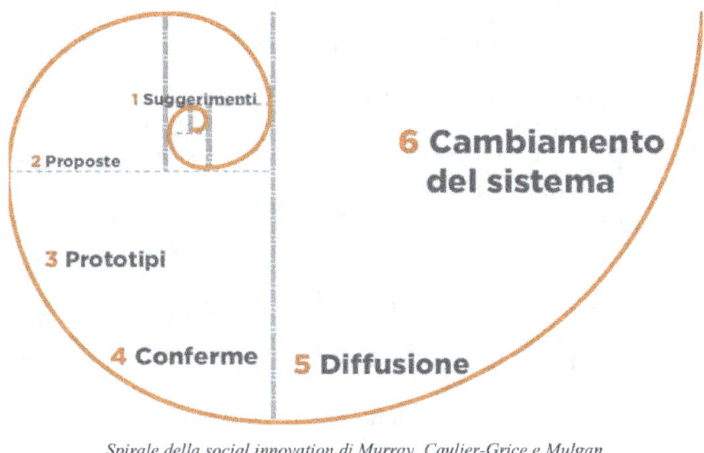

Spirale della social innovation di Murray, Caulier-Grice e Mulgan

Figura 1. La spirale dell'innovazione sociale

Come sostiene Rosa Bottino, direttore dell' Istituto per le Tecnologie Didattiche e Presidente Area della Ricerca di Genova, Consiglio nazionale delle Ricerche, "l'innovazione didattica non è un fatto isolato. Può essere prodotta anche indipendentemente da singoli docenti o gruppi di docenti, ma avviene in maniera radicata e durevole solo se a scuola si creano le giuste condizioni. La possibilità di poter avere un certo grado di flessibilità per quanto riguarda la gestione del tempo, l'articolazione disciplinare e il coordinamento degli ambienti di apprendimento è sicuramente una delle condizioni necessarie. Così come la collaborazione a livello di istituto e il superamento dell'isolamento dei singoli insegnanti, specie quelli più innovatori. I docenti dovrebbero condividere una visione del sapere e dell'apprendimento che superi l'idea della trasmissione diretta della conoscenza e si dovrebbe arrivare ad una rilettura del ruolo e dei compiti del docente, di che cosa si debba intendere per "studente competente", nonché delle pratiche didattiche più adeguate al raggiungimento dei diversi obiettivi. Inoltre, è opportuno tener conto di alcuni aspetti:

- L'innovazione delle metodologie didattiche non può che essere un processo che ha bisogno di tempo per essere metabolizzato ed efficacemente attuato.

- Modalità didattiche innovative non devono necessariamente sostituire le altre modalità tradizionali ma dovrebbero essere progressivamente presenti nel percorso educativo, anche attraverso una introduzione per gradi.

- Gli insegnanti devono appropriarsi di tali modalità e non vederle come forme "episodiche" di didattica.

- L'innovazione didattica dovrebbe idealmente essere una scelta condivisa fra insegnanti di una stessa scuola o rete di scuole e non prerogativa del singolo insegnante.

- La formazione degli insegnanti deve rivestire un ruolo chiave a tal proposito e dovrebbe essere attuata anch'essa mettendo in atto metodologie innovative, quindi, in generale, dovrebbe avere una forte valenza di auto-efficacia, di soddisfazione, di motivazione e di coinvolgimento". (Bottino R., 2018).

L'innovazione – scolastica in questo caso - è un processo di trasformazione che introduce elementi di novità, in termini di spazi, tempi e metodi. Per innovare la scuola quindi, in primo luogo bisogna trasformare gli "ambienti di apprendimento".

Il concetto di "ambiente di apprendimento" è al centro della riflessione pedagogica e didattica degli ultimi anni. L'idea che sta alla base è che l'innovazione non possa passare solo attraverso nuove metodologie, ma che ci sia bisogno di un ripensamento di tutto il "setting" formativo (ambienti, spazi, arredi, tempi) che ha da sempre caratterizzato il modello scolastico. Questo (figura 1) è un modello ormai interiorizzato da tutti, sia nella cultura scolastica (dirigenti, professori), che nelle famiglie, come se fosse incontrovertibile. Per quali ragioni questo modello non viene cambiato? Per ragioni amministrative, connesse alla gestione del personale docente e all'organizzazione del servizio scolastico; per ragioni formative, perché si ragiona ancora con il vecchio modello didattico, ovvero quello di insegnare a "leggere, scrivere e far di conto" che è ormai superato e anacronistico, rispetto alle competenze che gli studenti dovrebbero avere nel XXI secolo (Castoldi M., 2020). La ragione principale che emerge è quindi quella di un immobilismo dovuto ad un atteggiamento tradizionalista e avverso al cambiamento. Secondo Franco Cambi, "la tecnica domina, e domina irretendo in sé tutto il reale. [...] Il mondo informatico è una potente innovazione che, a sua volta, vive nell'innovazione e per l'innovazione" (Cambi F., 2012).

In questo schema (Fig. 2) viene mostrato il modello scolastico attuale, basato sull'aula come unico ambiente di apprendimento, sul libro di testo come principale modalità di apprendimento, sui tempi basati sull'ora di lezione, sul raggruppamento degli allievi come gruppo classe e sul docente, come figura principale che trasmette le conoscenze. La domanda che si pone questo schema è: per quali apprendimenti? (Castoldi M., 2020).

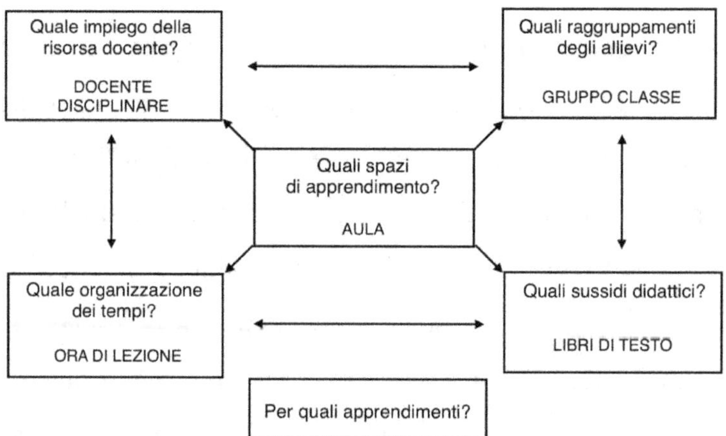

Figura 2. Le componenti del modello organizzativo scolastico.

Ed è qui che si inserisce **il "curricolo"**. Che cos'è, o meglio, cosa dovrebbe essere?

Il curricolo è un dispositivo formativo, al cui interno vi sono i programmi, i contenuti, gli obiettivi, le finalità che si propone di attuare un determinato corso di studi. Il curricolo ha tre dimensioni:

- **dimensione evolutiva**, in quanto esso si evolve nel tempo ed assieme a questo evolvono anche i soggetti all'interno dell'istituzione scolastica (alunni, insegnanti, genitori);

- **dimensione ecologica,** perché il curricolo ha una forte connotazione con lo spazio e l'ambiente nel quale si formano gli alunni;

- **dimensione riflessiva,** perché in esso c'è una razionalità tecnica, intesa come programmazione razionale e allo stesso tempo una tensione etica, ovvero un'attenzione alla sensibilità di ogni alunno, nella sua individualità (Franceschini G., Borin P., 2014).

Il curricolo appunto, come prevede la sua definizione è "evolutivo", quindi si deve adattare, evolversi, anche ai cambiamenti della società. Il problema è che il curricolo è rimasto ancorato alla tradizione, non si è evoluto al passo con i tempi ed è questo uno dei grandi problemi che la scuola deve affrontare: adattare il curricolo ai tempi della "società della conoscenza". Qui di seguito le normative italiane ed europee che hanno inserito delle innovazioni nel curricolo scolastico, con l'obiettivo di superare il "Digital divide", ovvero la disconnessione presente tra la scuola e la società, in termini di competenze digitali, introduzione e ampliamento delle tecnologie nel curricolo e revisione degli ambienti di apprendimento.

1.2. La normativa italiana : Le indicazioni nazionali (2012), il PNSD (2016), il PON (2014-2020)

Nel 2012 il Miur ha redatto un documento programmatico per le scuole, le **"Indicazioni Nazionali dall'infanzia al primo ciclo d'istruzione"**, che rappresenta un sistema di riferimento, delle linee guida da seguire e obiettivi da raggiungere per le scuole. Un testo molto importante per gli insegnanti e per tutti gli "addetti ai lavori" che operano nelle scuole. Nel 2017 a questo documento è stato integrato quello dei "Nuovi Scenari", dove è stata sottolineata l'importanza dell'introduzione del pensiero computazionale e della competenza digitale nel curricolo scolastico. Nel documento infatti viene esplicitato quanto segue.

"Le Indicazioni 2012 non offrono una declinazione dettagliata delle competenze digitali, metacognitive, metodologiche e sociali come invece avviene per le competenze culturali connesse alle discipline. [...] Senza queste competenze non sono possibili né una corretta e proficua convivenza né un accesso consapevole e critico alle informazioni né si possiedono gli strumenti per affrontare e risolvere problemi, prendere decisioni, pianificare e progettare, intervenire sulla realtà e modificarla. [...] La responsabilità è l'atteggiamento che connota la competenza digitale. Solo in minima parte essa è alimentata dalle conoscenze e dalle abilità tecniche, che pure bisogna insegnare. I nostri ragazzi, anche se definiti nativi digitali, spesso non sanno usare le macchine, utilizzare i software fondamentali, fogli di calcolo, elaboratori di testo, navigare in rete per cercare informazioni in modo consapevole. Sono tutte abilità che vanno insegnate. Tuttavia, come suggeriscono anche i documenti europei sulla educazione digitale, le abilità tecniche non bastano. La maggior parte della competenza è costituita dal sapere cercare, scegliere, valutare le informazioni in rete e nella responsabilità nell'uso dei mezzi, per non nuocere a se stessi e agli altri." (Indicazioni Nazionali e Nuovi Scenari, 2017)

Il Piano Nazionale Scuola digitale (PNSD) è stato adottato con decreto del Ministro dell'istruzione, dell'università e della ricerca 27 ottobre 2016, n. 851. Esso prevede una trasformazione del modello scolastico in favore della digitalizzazione, a livello tecnologico, curricolare e metodologico, con 35 azioni da conseguire, in diverse aree tematiche di intervento:

- **Connettività**, riguarda "le azioni per garantire l'accesso alla rete Internet da parte di tutte le istituzioni scolastiche, degli studenti e del personale scolastico" (PNSD Azioni #1 - #3);

- **Ambienti e Strumenti**, in questa area si collocano le "azioni finalizzate a dotare le istituzioni scolastiche di ambienti di apprendimento innovativi, basati sull'utilizzo delle tecnologie digitali" (PNSD Azioni #4 - #13);

- **Competenze e Contenuti**, sono le "azioni destinate a promuovere e potenziare le competenze digitali degli studenti e a favorire lo sviluppo di contenuti di qualità per la didattica digitale" (PNSD Azioni #14 - #24);

- **Formazione e accompagnamento**, questa area riguarda le "azioni destinate a supportare l'innovazione didattica e digitale attraverso percorsi di accompagnamento alle istituzioni scolastiche e di formazione per il personale scolastico" (PNSD Azioni #25 - #35).

In particolare, le azioni che ritengo più significative in materia di innovazione digitale del PNSD sono le seguenti:

- **Azione #1-#3. Queste azioni riguardano il potenziamento della rete infrastrutturale delle scuole per la connettività**, ovvero fornire Banda ultra larga, reti wireless in tutte le scuole e contributi per il canone di connettività.

- **Azione #4. Ambienti per la didattica digitale integrata. Al centro di questa azione c'è la necessità di innovare gli ambienti di apprendimento.** "Ogni scuola deve avere un numero sufficiente di ambienti e dotazioni abilitanti alla didattica digitale, scelti e adeguati rispetto alle esigenze di docenti e studenti nonché delle realtà in cui si realizzano.[…]Secondo l'OCSE, un "ambiente di apprendimento" è un ecosistema olistico che deve tener conto di quattro elementi fondamentali: i docenti, gli studenti, il contenuto e le risorse; queste ultime si articolano in "spazi di apprendimento" e "risorse digitali".

- **Azione #6. Linee guida per politiche attive di BYOD (Bring your open device).** La scuola "deve aprirsi al cosiddetto BYOD (Bring Your Own Device), ossia a politiche per cui l'utilizzo di dispositivi elettronici personali durante le attività didattiche sia possibile ed efficientemente integrato con la didattica." A seguito della pandemia da Covid-19, il fondo del PNSD è stato incrementato con risorse aggiuntive per rafforzare la disponibilità nelle scuole di dispositivi digitali individuali, utili sia per l'attività in classe che a casa, con la relativa connettività, che consentiranno di potenziare le azioni di BYOD sia a breve che a lungo termine".

- **Azione #15. In questa azione si inserisce il tema del "curricolo digitale",** per lo sviluppo di competenze digitali da parte delle istituzioni scolastiche ed educative. "L'obiettivo di questa azione è quello di creare, sperimentare e mettere a disposizione di tutte le scuole

25 nuovi Curricoli Didattici innovativi, strutturati, aperti e in grado di coinvolgere la comunità scolastica allargata." (Benzi G., Ragazzo L., 2022)

- **Azione #17. Il pensiero computazionale e il coding fin dalla prima infanzia.** Per permettere a ogni studente della scuola primaria di svolgere un corpus di 10 ore annuali di logica e pensiero computazionale, sarà estesa l'iniziativa "Programma il Futuro", sia tramite allargamento del partenariato, che arricchendo i percorsi didattici disponibili, anche includendo progetti satellite con missione affini. Oltre a "Programma il Futuro", che costituisce quindi l'offerta di base che sarà fatta a tutte le scuole, saranno sviluppate sperimentazioni più ampie e maggiormente orientate all'applicazione creativa e laboratoriale del pensiero computazionale, coinvolgendo anche la scuola dell'infanzia in azioni dedicate.

- **Azione #18. Revisione della materia "Tecnologia" nella scuola secondaria di primo grado.** L'insegnamento di Tecnologia alla scuola secondaria di primo grado deve essere aggiornato per includere nel curricolo le tecniche e applicazioni digitali in grado di accompagnare la disciplina nel futuro. Le potenzialità di affrontare strutturalmente questa politica sono diverse: è prima di tutto importante agire alla scuola media, perché è in quei tre anni che stiamo perdendo le maggiori opportunità di coinvolgere i ragazzi profondamente. In questo senso, le ore di Tecnologia sono un importante bacino a disposizione per contaminare profondamente quella che ancora in troppe classi italiane si riduce in "disegno tecnico" attraverso le applicazioni della creatività digitale, alla progettazione e alla stampa 3d, all'artigianato digitale, all'analisi e visualizzazione dei dati e al rapporto tra digitale e materia fisica, con particolare riferimento al legame con elementi già presenti nel curricolo

- **Azione #25 – Formazione in servizio per l'innovazione didattica e organizzativa.** La Legge 107/2015 ha introdotto per la prima volta nel contesto scolastico nazionale la formazione obbligatoria in servizio per il personale docente. Si tratta di un'innovazione importante, accompagnata da un'ulteriore presa di posizione: tra le priorità del prossimo Piano Triennale di Formazione, è inserita la formazione sui temi indicati in questo Piano, con particolare enfasi per la formazione dei docenti all'innovazione didattica.

- **Azione #28 – Un animatore digitale in ogni scuola.** Dal 2015 ogni scuola italiana può contare sul supporto di un "animatore digitale", un docente che, insieme al dirigente scolastico e al direttore amministrativo, ha un ruolo strategico nella diffusione dell'innovazione a scuola, a partire dai contenuti di questo Piano. l'animatore digitale si è formato attraverso un percorso dedicato (a valere sulle risorse del DM n. 435/2015), su tutti i temi del Piano Nazionale Scuola Digitale. […]Gli animatori presentano ogni anno un progetto che, una volta approvato, viene inserito nel piano dell'offerta formativa e pubblicato anche sul sito della scuola progetto che nel tempo diviene altresì oggetto di monitoraggio. (PNSD, 2016)

Oltre al PNSD è stato creato **il Programma Operativo Nazionale (PON)** del MIUR, intitolato "Per la Scuola – competenze e ambienti per l'apprendimento", un piano di interventi che punta a creare un sistema d'istruzione e di formazione di elevata qualità. È finanziato dai Fondi Strutturali Europei e ha una durata settennale, dal 2014 al 2020. Tra le "Esperienze significative" che sono state realizzate attraverso il PON vi sono diverse iniziative, laboratori e progetti creati dalle scuole, riguardo a queste tematiche principali:

- Edilizia scolastica
- Ambienti digitali
- Reti LAN e WLAN
- "A scuola di competenze"

(PON, Programma operativo Nazionale 2014-2020)

1.2.1. PNSD e criticità

Sebbene il PNSD sia un piano ben articolato e strutturato sull'innovazione digitale a scuola, esso mostra delle criticità, in quanto l'attuazione del piano risulta a livello pratico ancora lontano. Soprattutto, si tratta di lentezze - burocratiche o di altro tipo – che è possibile riscontrare appena si varca la soglia di una qualsiasi scuola del territorio italiano.

"Secondo Marco Perini e Giuseppe Tacconi nella prima fase del PNSD (2008-2011) si mirava a favorire situazioni di eccellenza, che potessero stimolare altri docenti e istituzioni scolastiche a innovare; nella seconda fase (2012-2014) si è tentato di consolidare le buone pratiche emerse, attraverso piani di formazione dedicati. Nella sua versione più recente (2015) il PNSD sembra invece aver spostato il suo *focus* sullo sviluppo di competenze digitali da parte degli studenti (Bonaiuti et al., 2017). Anche nella recente riforma "La buona scuola" (L. n. 107/2015) e nei suoi decreti attuativi (MIUR, 2017) i riferimenti al sopracitato piano sono molteplici. Gli studi che hanno esaminato gli interventi ministeriali dell'ultimo decennio hanno fatto emergere alcuni dubbi rispetto agli sforzi sostenuti per la loro realizzazione. Nello specifico, [...] sono state rilevate le seguenti criticità: il coinvolgimento discontinuo dei docenti nei progetti; lo scarso impiego di fondi, che ha impedito di dar luogo a un cambiamento di portata sistemica; la mancata previsione di un'adeguata formazione per i docenti; il mancato riconoscimento economico dell'impegno dei docenti coinvolti nei progetti." (Dursi G., 2018)

Ulteriori criticità che sono state evidenziate: "la mancanza di un'appropriata progettazione didattica; l'inefficienza delle infrastrutture tecniche (in particolare, la mancanza di una connettività InterNET performante); l'obsolescenza dei *device* a disposizione di scuole e docenti, la resistenza degli insegnanti a cambiare le loro pratiche [...]." (Dursi G., 2018)

Inoltre, a mio parere ritengo insufficienti i seguenti punti del PNSD, in termini di mancata attuazione o di scarsa efficienza nella realtà pratica:

1. **La presenza di un solo animatore digitale per ogni scuola** (e non uno per ogni classe) e che debba essere un membro del corpo docente, in quanto le classi dove non è assegnato quel docente rimangono tagliate fuori dalle pratiche del coding e delle altre strategie didattiche digitali messe in campo da quel docente. Nella mia esperienza di educatrice presso una scuola secondaria di primo grado mi è capitato di vedere classi nelle quali era presente l'animatore digitale e che quindi erano

impegnate in attività di coding (con il programma Mblock), in attività di creazione di contenuti digitali (ad esempio attraverso Canva) e classi dove non era presente il docente assegnato al compito di animatore digitale. In queste classi gli alunni non sapevano nemmeno l'esistenza del coding e non avevano l'opportunità di sviluppare le loro competenze digitali. Trovo che questo sistema - adottato dal PNSD - sia profondamente discriminatorio verso quegli alunni che non disponendo dell' animatore digitale sono esclusi da questa trasformazione del modello scolastico. Per questo sarebbe più opportuno inserire l'animatore digitale in ogni classe e che questo non sia un membro del corpo docente, ma un professionista del settore digitale in supporto ai docenti.

2. **La mancata revisione della materia disciplinare Tecnologia**: al momento attuale la maggior parte delle scuole (in questo caso secondarie di primo grado) non ha revisionato questa materia, anzi questa è rimasta ancorata al vecchio modello del disegno tecnico - senza l'ausilio degli strumenti didattici digitali - con nozioni che poco hanno a che fare con la tecnologia. Ho assistito a lezioni di Tecnologia dove le tematiche insegnate andavano dalla raccolta differenziata, alle proprietà dei materiali come la carta, la plastica, il vetro, il metallo

ecc. Queste nozioni mi sembrano poco consone a questa materia; per logica andrebbero insegnate nella materia di scienze.

3. **La pessima situazione di rete strutturale in cui versano le scuole, per quanto riguarda la connessione ad Internet.** Ogni giorno, durante i tre anni in cui ho lavorato nelle scuole sia primarie che secondarie di primo grado, c'erano problemi di connessione, a tal punto che io o altri docenti eravamo costretti a collegarci tramite l'Hotspot personale del proprio telefono. Problemi di connessioni ci sono stati anche durante la Dad, dove i professori si recavano a scuola per fare la loro lezione - mentre gli studenti seguivano da casa, in quanto vi era ancora il divieto di riapertura totale delle scuole - e spesso le lezioni non partivano o si bloccavano, in quanto la connessione della scuola era troppo debole.

1.2.2. Il Piano Scuola 4.0

Con il PNRR, il Ministero dell'istruzione, nell'ambito della linea di investimento "Scuola 4.0", ha inteso investire 2,1 miliardi di euro per la trasformazione delle classi tradizionali in ambienti innovativi di apprendimento e nella creazione di laboratori per le professioni digitali del futuro e, al tempo stesso, con un'altra specifica linea di investimento, promuovere un ampio programma di formazione alla transizione digitale di tutto il personale scolastico. La denominazione "Scuola 4.0" discende proprio dalla finalità della misura di realizzare ambienti di apprendimento ibridi, che possano fondere le potenzialità educative e didattiche degli spazi fisici concepiti in modo innovativo e degli ambienti digitali. Nella "Missione 4 – Istruzione e ricerca, componente 1 – Potenziamento dell'offerta dei servizi di istruzione dagli asili nido alle università", si prevedono 5 linee di intervento che avranno un impatto diretto e indiretto sui processi di digitalizzazione scolastica. In particolare:

- **L'investimento 2.1 "Didattica digitale integrata e formazione sulla transizione digitale del personale scolastico"** stanzia 800 milioni di euro per la realizzazione di un sistema, multidimensionale e strategico, di formazione continua degli insegnanti e del personale scolastico con un'offerta formativa di oltre 20.000 corsi per la formazione di 650.000 fra dirigenti scolastici, docenti, personale scolastico, tecnico e amministrativo, e l'adozione di un quadro di riferimentonazionale per l'insegnamento digitale integrato, per promuovere l'adozione di curricoli sulle competenze digitali in tutte le scuole.

- **L'investimento 3.1 "Nuove competenze e nuovi linguaggi"** (1,1 miliardi di euro) si concentra sullo sviluppo delle competenze informatiche necessarie al sistema scolastico per svolgere un ruolo attivo nella transizione verso i lavori del futuro e di percorsi didattici e di orientamento alle discipline scientifiche (STEM – scienza, tecnologia, ingegneria e matematica), anche per superare i divari di genere.

- **L'investimento 3.2 "Scuola 4.0 – Scuole innovative, nuove aule didattiche e laboratori"** prevede un finanziamento di 2,1 milioni di euro per la trasformazione di 100.000 classi in ambienti di apprendimento innovativi e la creazione di laboratori per le professioni digitali del futuro.

Quest'ultimo investimento è articolato in due azioni:

- **L'azione *"Next Generation Classrooms"*** del Piano Scuola 4.0 ha l'obiettivo di trasformare almeno 100.000 aule delle scuole primarie, secondarie di primo grado e secondarie di secondo grado, in ambienti innovativi di apprendimento. Ciascuna istituzione scolastica ha la possibilità di trasformare la metà delle attuali classi/aule grazie ai finanziamenti del PNRR. La **progettazione** della trasformazione delle aule esistenti in ambienti innovativi necessita della collaborazione di tutta la comunità scolastica e di un gruppo di progettazione, nominato dal dirigente scolastico. La progettazione riguarda almeno 3 aspetti fondamentali:

- <u>il disegno</u> (*design*) degli ambienti di apprendimento fisici e virtuali;

- <u>la progettazione didattica basata su pedagogie innovative</u> adeguate ai nuovi ambienti e l'aggiornamento degli strumenti di pianificazione;

- <u>la previsione delle misure di accompagnamento</u> per l'utilizzo efficace dei nuovi spazi didattici.

- **Next Generation Labs è il titolo della seconda azione del Piano "Scuola 4.0", che prevede la realizzazione di laboratori per le professioni digitali del futuro**; si rivolge nello specifico alla formazione di competenze digitali specialistiche a partire dalla scuola secondaria di secondo grado, negli ambiti tecnologici, come: la robotica e automazione; cybersecurity; making e modellazione stampa 3D-4D; creazione di prodotti e servizi digitali; creazione e fruizione di servizi in realtà virtuale e aumentata; comunicazione digitale; elaborazione, analisi e studio dei *big data*; economia digitale, *e-commerce* e *blockchain*. Questi ambienti di apprendimento sviluppano, oltre alle competenze digitali specialistiche, anche competenze personali in collaborazione con il gruppo dei pari, apprendere il lavoro di squadra e acquisire competenze digitali specifiche orientate al lavoro e trasversali ai diversi settori economici, in un contesto di attività autentiche e di effettiva simulazione dei luoghi, degli strumenti e dei processi legati alle nuove professioni. (Piano Scuola 4.0 - PNRR, Missione 4: Istruzione e Ricerca, 2022)

1.3. Le normative europee: le *Key Competences* e il *Digital Education Action Plan* (2021-2027)

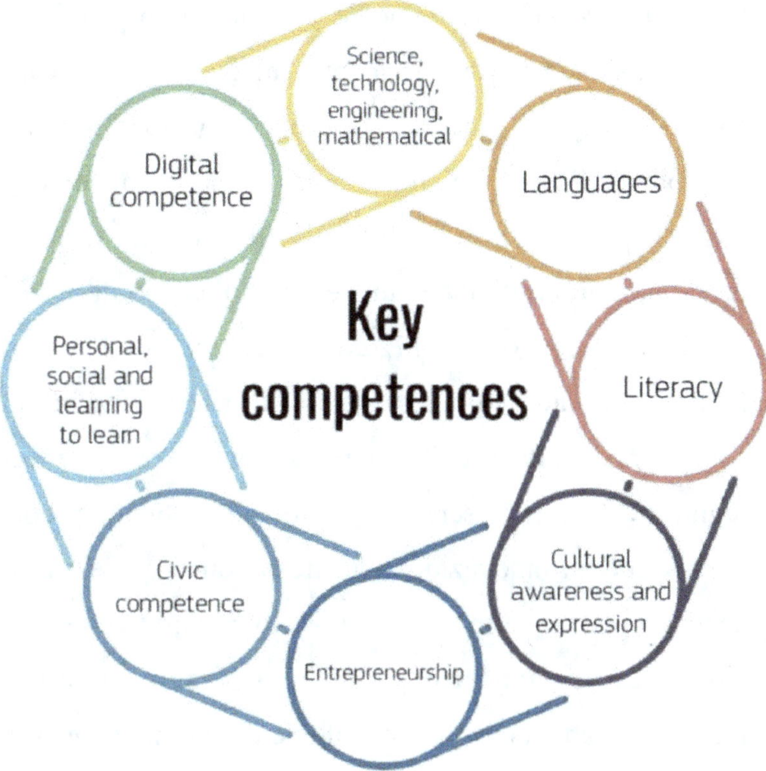

Figura 3. Le otto competenze chiave individuate dal Consiglio Europeo.

La competenza digitale è stata inserita tra le otto competenze chiave, individuate dal Consiglio Europeo nel 2018 (figura 3). Nel documento **"Key competences for lifelong learning"**, viene così descritta: "la competenza digitale presuppone l'interesse per le tecnologie digitali e il loro utilizzo con dimestichezza e spirito critico e responsabile per apprendere, lavorare e partecipare alla società. Essa comprende l'alfabetizzazione informatica e digitale, la comunicazione e la collaborazione, l'alfabetizzazione mediatica, la creazione di contenuti digitali (inclusa la programmazione), la sicurezza (compreso l'essere a proprio agio nel mondo digitale e possedere competenze relative alla cibersicurezza), le questioni legate alla proprietà intellettuale, la risoluzione di problemi e il pensiero critico". (GU C 172 del 27.5.2015, pag. 17)

Inoltre, nel paragrafo successivo si fa riferimento all'uso delle competenze digitali per "comprendere in che modo le tecnologie digitali possono essere di aiuto alla comunicazione, alla creatività e all'innovazione, pur nella consapevolezza di quanto ne consegue in termini di opportunità, limiti, effetti e rischi. Dovrebbero comprendere i principi generali, i meccanismi e la logica che sottendono alle tecnologie digitali in evoluzione, oltre a conoscere il funzionamento e l'utilizzo di base di diversi dispositivi, software e reti. Le persone dovrebbero assumere un approccio critico nei confronti della validità, dell'affidabilità e dell'impatto delle informazioni e dei dati resi disponibili con strumenti digitali ed essere consapevoli dei principi etici e legali chiamati in causa con l'utilizzo delle tecnologie digitali [...]." (GU C 172 del 27.5.2015, pag. 17)

"Il piano d'azione per l'istruzione digitale" (2021-2027) è un'iniziativa politica rinnovata dell'Unione europea (UE) volta a sostenere l'adeguamento sostenibile ed efficace dei sistemi di istruzione e formazione degli Stati membri dell'UE all'era digitale." Per conseguire questi obiettivi, il piano d'azione definisce due settori prioritari:

- promuovere lo sviluppo di un ecosistema altamente efficiente di istruzione digitale (infrastrutture, connettività e apparecchiature digitali, contenuti di apprendimento di alta qualità, formazione degli insegnanti, strumenti di facile utilizzo e piattaforme sicure che rispettino le regole della e-privacy);

- migliorare le competenze e le abilità digitali per la trasformazione digitale.

Ciò richiede:

- capacità e competenze digitali di base sin dall'infanzia;

- alfabetizzazione digitale, compresa la lotta alla disinformazione;

- insegnamento dell'informatica;

- buona conoscenza e comprensione delle tecnologie ad alta intensità di dati, come l'intelligenza artificiale (IA);

- competenze digitali avanzate, per disporre di un numero maggiore di specialisti del digitale;

- garantire che le ragazze e le giovani donne siano equamente rappresentate negli studi e nelle carriere digitali.

Il piano è stato redatto dopo aver eseguito diverse ricerche e studi, i quali dimostrano che c'è una scarsa capacità e abilità digitale da parte degli insegnanti e degli studenti, una carenza delle strutture scolastiche e un analfabetismo digitale diffuso nelle famiglie:

- uno studio dell' Organizzazione per la cooperazione e lo sviluppo economico (OCSE) del 2018 ha rilevato che meno del 40% degli educatori si sente pronto a utilizzare le tecnologie digitali nell'insegnamento, con ampie differenze all'interno dell'UE;

- più di un terzo dei giovani di 13 e 14 anni che hanno partecipato allo studio internazionale sull'alfabetizzazione informatica e dell'informazione (ICILS, 2018) non possedeva il livello di competenza più elementare in materia di competenze digitali;

- un quarto delle famiglie a basso reddito non dispone di computer e dell'accesso alla banda larga, con forti differenze all'interno dell'UE in funzione del reddito delle famiglie (Eurostat, Digital Economy and Society statistics, 2019).

Il piano si articola in diverse azioni, a seconda della priorità 1 e della priorità 2.

Priorità 1: promuovere lo sviluppo di un ecosistema altamente efficiente di istruzione digitale

- Azione 1: Dialogo strategico con gli Stati membri sui fattori che favoriscono il successo dell'istruzione digitale

- Azione 2: Raccomandazione del Consiglio sull'apprendimento misto per l'istruzione primaria e secondaria

- Azione 3: Quadro europeo dei contenuti dell'istruzione digitale

- Azione 4: Connettività e attrezzature digitali per l'istruzione

- Azione 5: Piani di trasformazione digitale per gli istituti di istruzione e formazione

- Azione 6: Intelligenza artificiale e utilizzo dei dati nell'istruzione e nella formazione

Priorità 2: migliorare le competenze e le abilità digitali per la trasformazione digitale.

- Azione 7: Orientamenti comuni per gli insegnanti e gli educatori volti a promuovere l'alfabetizzazione digitale e a contrastare la disinformazione attraverso l'istruzione e la formazione

- Azione 8: Aggiornare il quadro europeo delle competenze digitali per includervi le competenze in materia di IA e di dati

- Azione 9: Certificato europeo delle competenze digitali (EDSC)

- Azione 10: Raccomandazione del Consiglio sul miglioramento dell'offerta di competenze digitali nell'istruzione e nella formazione

- Azione 11: Raccolta transnazionale di dati sulle competenze digitali degli studenti e introduzione di un obiettivo dell'UE per la competenza digitale degli studenti

- Azione 12: Tirocini "Opportunità digitali"

- Azione 13: Partecipazione delle donne alle discipline STEM

- Polo dell'istruzione digitale (Digital Education Action Plan, Unione Europea, 2021-2027)

1.4. I dati statistici, l'Italia a confronto con i Paesi UE

I dati riportano che l'Italia rispetto alla media OCSE ha un trend negativo rispetto a questi elementi:

a) DISPERSIONE SCOLASTICA. I dati provenienti da Eurostat 2022 (Figura 3), rilevano che nel 2022 quasi il 12% dei giovani italiani tra i 18 e i 24 anni ha abbandonato precocemente la scuola, fermandosi alla licenza media. È un dato serio, considerata la media europea del 9% e il fatto che l'Italia si trova agli ultimi posti della classifica. (Eurostat, Early leavers from Education, 2022).

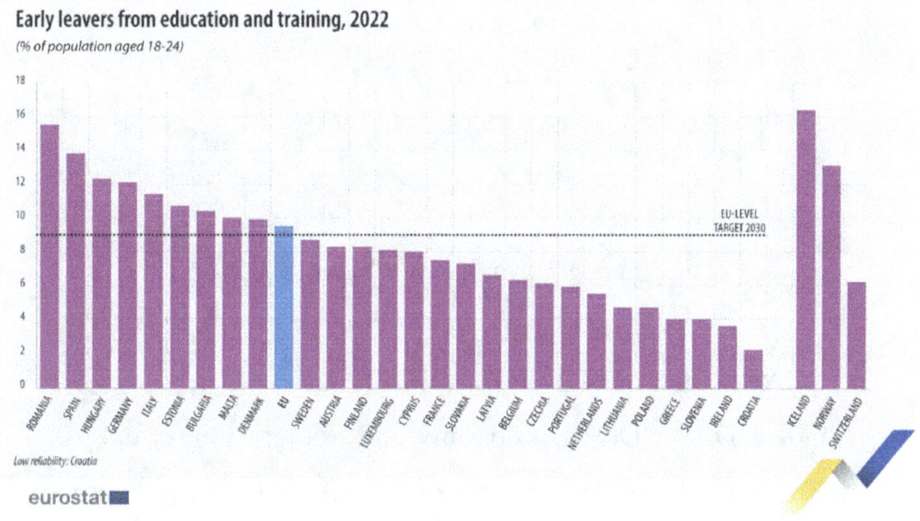

Figura 4. Dati UE sulla dispersione scolastica

b) SCARSI RISULTATI SCOLASTICI. La rilevazione OCSE PISA del 2018 (Fig. 5) mostra che gli studenti italiani, rispetto alla media UE, hanno risultati inferiori per quanto riguarda la lettura, la matematica e le scienze.

Figura 5. Rilevazione OCSE PISA 2018

c) SCARSE COMPETENZE DIGITALI

L'indice DESI (Digital Economy and Society Index) del 2020 mostra il livello delle competenze digitali degli studenti europei; l'Italia è tra gli ultimi paesi, al di sotto della media UE (Fig. 6).

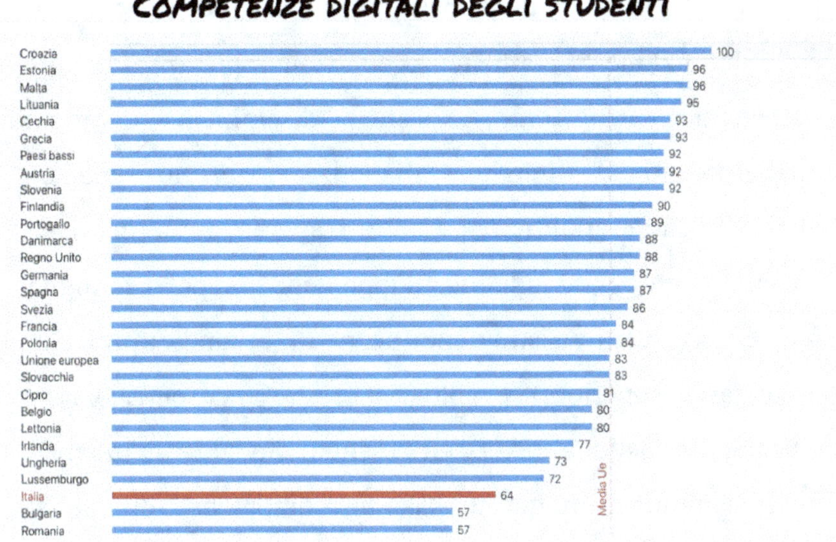

Figura 6. Indice DESI 2020 sul livello delle competenze digitali degli studenti europei

1.5. L'innovazione scolastica e digitale nei principali Paesi Europei

Come dimostrato dalla ricerca di Erica Cimò (Unità italiana di Eurydice) sulle competenze digitali nei curricoli scolastici europei, "i sistemi educativi europei utilizzano la definizione di competenza digitale in accezioni diverse: come definizione nazionale di competenza digitale, come definizione di competenza chiave europea, oppure non utilizzano alcuna definizione comune.In alcuni paesi vengono usate sia la definizione europea di competenza chiave sia la definizione nazionale, questo è il caso dell'Austria. La disciplina curricolare

[...] Educazione digitale di base, di nuova introduzione, si basa sulla definizione di competenza chiave europea e sul quadro di riferimento DigComp. Tale disciplina comprende: alfabetizzazione digitale, alfabetizzazione ai media e alfabetizzazione politica. [...] La maggior parte dei sistemi educativi europei include lo sviluppo delle competenze digitali a tutti e tre i livelli di istruzione (primario, secondario inferiore e secondario superiore) e integra questa area curricolare nei curricoli scolastici attraverso tre distinte modalità: come materia interdisciplinare, in questo caso le competenze digitali sono intese come competenze trasversali e vengono veicolate in tutte le materie del curricolo. [...]; come materia a sé stante, [...]; integrata in altre materie, in questo caso le competenze digitali sono incorporate nel curricolo di altre materie o di altre aree di apprendimento." (Cimò E., 2020).

Quindi emerge chiaramente che tra Italia ed altri Paesi Europei ci sono enormi differenze su quanto concerne l'inserimento della disciplina dell'informatica e del digitale nel curricolo scolastico. Infatti, nella ricerca Erica Cimò continua affermando che "[...] a livello di istruzione primaria è solitamente più diffuso l'approccio interdisciplinare, mentre nell'istruzione secondaria inferiore si rileva, nella metà dei paesi, l'insegnamento delle competenze digitali come materia obbligatoria a sé stante. Infine, nelle scuole di istruzione secondaria superiore non c'è un'effettiva prevalenza di un approccio, dal momento che a questo livello di istruzione gli studenti iniziano a orientarsi verso la scelta di materie opzionali a seconda dell'indirizzo di studi che seguono. La metà dei sistemi educativi europei sta attualmente riformando il curricolo relativo alle competenze digitali per rimanere al passo con i tempi, data la rapida obsolescenza dei contenuti di apprendimento, specialmente quelli relativi alle tecnologie digitali. Tali riforme (cfr. Figura 7-8) hanno come obiettivo, da una parte, quello di introdurre le competenze digitali nei curricoli in cui non erano stati precedentemente inseriti e trattati, e, dall'altra, quello di rendere più rilevante l'area tematica. Alcune riforme riguardano la modifica dell'approccio curricolare, l'aggiornamento dei contenuti o il rafforzamento di aree ritenute particolarmente interessanti, come il coding, il pensiero computazionale o la sicurezza." (Cimò E., 2020)

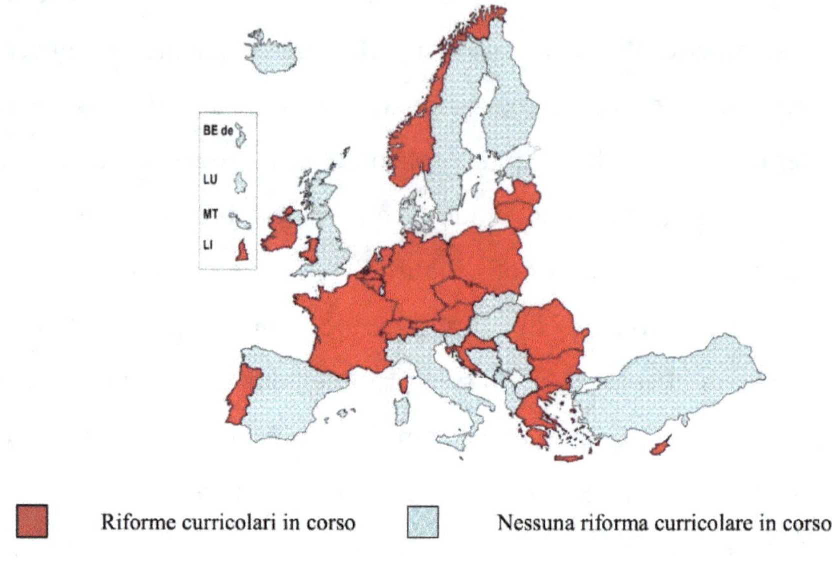

Figura 7. Riforme curricolari in corso relative alle competenze digitali (2017-2018)

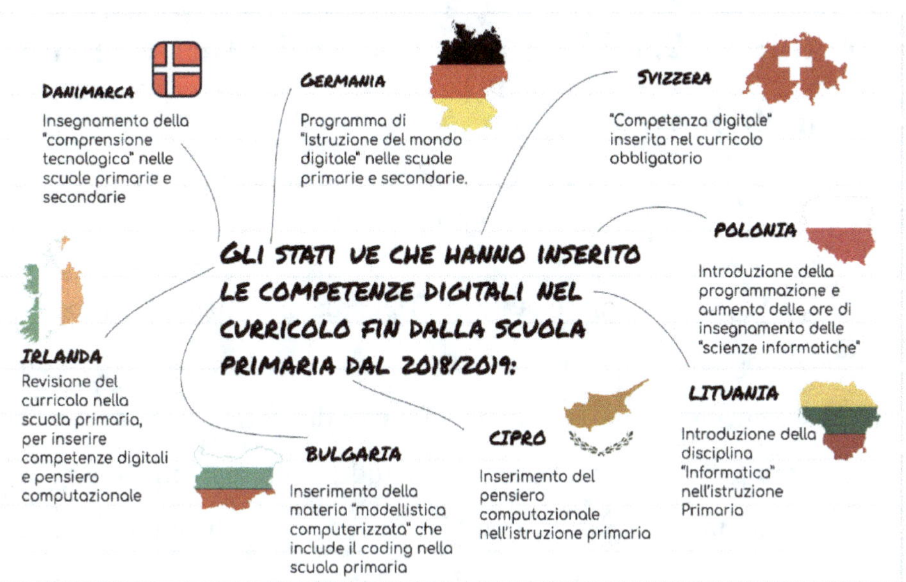

Figura 8. Gli Stati dell'UE che hanno inserito le competenze digitali nel curricolo, 2018/2019

Capitolo 2. L'innovazione scolastica e le sue dimensioni

L'innovazione scolastica non riguarda solamente l'aspetto "tecnologico": per innovare la scuola italiana serve un cambiamento degli "ambienti di apprendimento", una revisione dei tempi, degli spazi e dei metodi di insegnamento e di apprendimento. Nella ricerca "Le dimensioni dell 'innovazione: un framework per la valutazione dei processi di innovazione scolastica" di A. Nardi, F. Rossi, V. Toci (Iul Research, Vol.1, n.1 2020) è stato proposto un *Framework per la valutazione dei processi di innovazione*, che si compone di quattro dimensioni:

- propensione al cambiamento
- trasformazione delle pratiche di insegnamento e apprendimento
- leadership e sviluppo organizzativo
- apertura all'esterno

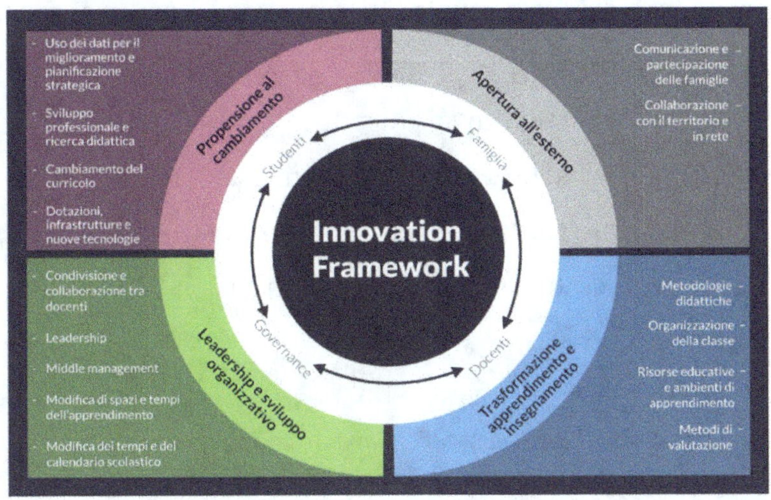

Figura 9. Sotto-dimensioni del Framework per la valutazione dell'innovazione di INDIRE

In tema di innovazione scolastica, l'INDIRE (Istituto Nazionale di Documentazione, Innovazione e Ricerca Educativa) "accompagna l'evoluzione del sistema scolastico italiano investendo in formazione e innovazione e sostenendo i processi di miglioramento della scuola. L'Istituto sviluppa nuovi modelli didattici, sperimenta l'utilizzo delle nuove tecnologie nei percorsi formativi, promuove la ridefinizione del rapporto fra spazi e tempi dell'apprendimento e dell'insegnamento."

«Avanguardie educative» è un progetto di ricerca-azione nato dall'iniziativa di INDIRE, al quale poi hanno aderito 22 scuole fondatrici. L'obiettivo è quello di "investigare le possibili strategie di propagazione e messa a sistema dell'innovazione nella scuola italiana", attraverso un ripensamento delle attività didattiche e del "fare scuola". Il progetto si è poi trasformato in un vero e proprio Movimento – ufficialmente costituito il 6 novembre 2014 a Genova – aperto a tutte le scuole italiane. Il Movimento ha sottoscritto un «Manifesto programmatico per l'Innovazione» costituito da 7 «orizzonti di riferimento» (fig.10), che esplicitano ed animano la vision di «Avanguardie educative».

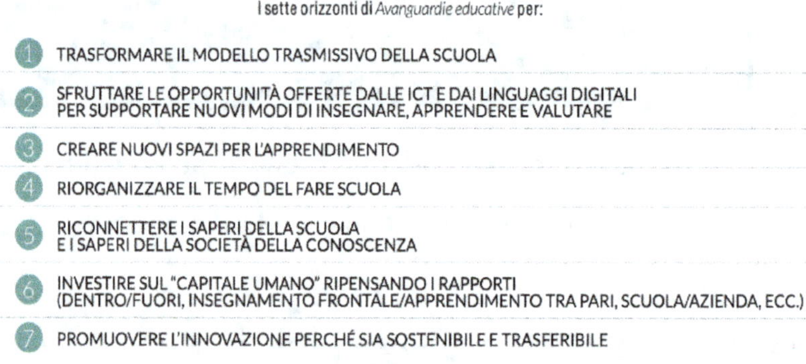

Figura 10. I sette orizzonti delle Avanguardie Educative

Le idee delle Avanguardie Educative rappresentano dei modelli didattici innovativi, con un cambiamento degli ambienti di apprendimento. In particolare, cambiamenti che riguardano:

- gli spazi
- i tempi
- le metodologie
- le tecnologie

In questo capitolo si andranno ad analizzare le principali innovazioni scolastiche che hanno modificato gli ambienti di apprendimento tradizionali, anche in base ai criteri del progetto ILE (Innovative Learning Environments) promosso dal "Centre for Educational Research and Innovation (CERI)" dell'OECD, l'Organizzazione per la cooperazione e lo sviluppo economico.

2.1. L'innovazione degli spazi

Lo spazio come "terzo educatore" è una metafora proposta da Loris Malaguzzi negli anni Settanta che vuole sottolineare la centralità dell'ambiente educativo nella gestione della relazione formativa: "lo spazio non è solo contenitore, ma diviene anch'esso contenuto nel determinare i significati dell'esperienza di apprendimento [...] La strutturazione dello spazio negli edifici scolastici sorti nel periodo della scolarizzazione di massa si è storicamente basato su un principio meramente quantitativo, concretizzato nei metri quadri per alunno come unico parametro di riferimento con cui organizzare il contesto educativo: ne consegue una distinzione tra lo spazio aula, assunto come unico ambiente di apprendimento, e gli spazi accessori (atri, corridoi, passaggi) che consentono di spostarsi tra le aule. [...] E' evidente che se si moltiplicano i bisogni di apprendimento e le modalità con cui esso può avvenire, ciò comporta la necessità di un ripensamento radicale degli spazi educativi in risposta a questa istanza di diversificazione. Una riprogettazione dello spazio risponde a molteplici esigenze:

- soddisfare più efficacemente i bisogni educativi degli studenti e introdurre un nuovo approccio metodologico centrato sull'apprendimento, non sull'insegnamento;

- favorire una maggiore apertura della scuola al territorio, in grado di configurarla come spazio educativo aperto e integrato con la comunità;

- migliorare il benessere e la qualità dell'esperienza scolastica per tutti gli attori che la vivono, curando anche la dimensione informale dell'apprendimento attraverso la strutturazione di spazi sociali di convivenza e di confronto o la valorizzazione degli ambienti esterni."

(Castoldi M., 2020)

"Già a partire dagli anni '60 Freinet proponeva la sua visione di scuola laboratorio senza classi basata sul metodo naturale, visione che si inserisce nel filone dell'attivismo, che ha acceso i riflettori sulle connessioni tra spazio e didattica; tra gli altri si possono richiamare l'idea di "scuola come casa", applicato dalle sorelle Agazzi e le Case dei Bambini di Maria Montessori, in cui risultava centrale il ruolo degli ambienti e degli arredi. [...]"

(Castoldi M., 2020)

In questa direzione si sono sviluppate alcune esperienze significative sul ripensamento radicale dello spazio educativo, in particolare: la rete "Senza Zaino" e le "Classi senza aule".

2.2.1. La rete "Senza Zaino"

La rete "Senza Zaino" è stata fondata da Marco Orsi nel 2002 a Lucca ed è partito come un movimento dal "basso", che ha coinvolto sempre più scuole: attualmente sono circa 500 i plessi scolastici che hanno aderito. La scuola senza zaino si basa su tre valori: ospitalità, responsabilità, comunità. L'ambiente di apprendimento viene modificato in tutte le componenti:

- hardware, ovvero la struttura spaziale, l'allestimento dei banchi a isole con zone di lavoro, gli arredi;
- software, nuove metodologie didattiche che prevedono la collaborazione

Un altro elemento fondamentale è l'eliminazione dello zaino, sostituito con una cartellina leggera per i compiti a casa. L'aula viene completamente trasformata, (fig.11), infatti: "nelle scuole Senza Zaino la riorganizzazione dell'ambiente fisico delle aule e delle scuole concorre insieme alla riorganizzazione delle metodologie didattiche alla realizzazione di un modello innovativo centrato sul rispetto dei bambini, sul loro protagonismo, sulla ricerca e l'attuazione di pratiche di nonviolenza attiva, fin dai primi anni della scuola dell'infanzia." (I. Barghini, 2021)

Figura 11. L'asset di una classe "Senza Zaino" con i vari ambienti di lavoro

"Le modalità delle scuole senza zaino derivano da una contaminazione di pensatori come: Montessori, Pestalozzi, Dewey, Freinet, Steiner; oltre a Bruner, Vygotskij e Gardner. Inoltre richiama all'idea di scuola come comunità (T. Sergiovanni, 2000). Nel progetto ILE, la scuola senza zaino viene ritenuta innovativa per diversi aspetti, soprattutto riguardo al ripensamento dello spazio aula, come condizione preliminare per un cambiamento della didattica. In particolare, gli altri aspetti innovativi sono:

- il raggruppamento di allievi con caratteristiche differenti;

- il coinvolgimento dei genitori nelle attività formative a loro dedicate;
- la gestione della risorsa docenti, attraverso il potenziamento del lavoro collegiale;
- la gestione dei tempi di apprendimento flessibile e differenziata;
- metodologie didattiche basate su esperienze di apprendimento autentiche basate su problemi reali;
- il feedback continuo e metodico;
- la varietà degli approcci didattici.

Le linee guida di questo ambiente di apprendimento riguardano:

- strutturare l'aula organizzando dei tavoli di lavoro, con una disposizione dei banchi a isole, impiego di tavoli al posto di banchi singoli e assenza della cattedra, e pluralità degli spazi (agorà, spazio di lavoro, spazio di laboratorio, spazio relax, spazio lettura);
- ambiente ordinato negli arredi e strumenti didattici a portata degli alunni (cancelleria, pannelli degli incarichi);
- pareti strutturate con pannelli (dove attaccare cartelloni);
- timetable giornaliero e settimanale delle attività;
- mantenere toni di voce bassi, sia del docente che degli alunni;

- pluralità dei modi di lavorare, in coppia, a gruppi e individualmente;
- utilizzo della token economy, attraverso rinforzo dei comportamenti positivi (con cartellone e token assegnati per ogni studente)." (Castoldi M., 2020)

2.2.2. Aule laboratorio-disciplinari : "Classi senza aule"

Uno degli assiomi che ha da sempre caratterizzato le scuole è: "aula=classe". "L'organizzazione delle scuole con le aule laboratorio disciplinare invece, modifica questa impostazione in quanto l'aula non è più definita dal gruppo classe, ma dall'attività che viene svolta. Le aule sono assegnate in base alle discipline che si insegneranno; ogni aula-laboratorio quindi viene assegnata al docente e non più al gruppo classe. Il docente resta in aula, mentre gli studenti ruotano da un'aula all'altra a seconda della disciplina. Alla parola "aula" si associa quindi il termine "laboratorio", a sottolineare uno spazio non solo teorico, ma anche di pratica. Il termine laboratorio deriva infatti da "laborare", cioè lavorare. L'espressione aula laboratorio disciplinare porta con sé un determinato approccio didattico: dall'attivismo pedagogico (XX secolo, Dewey, Freinet, Ciari, Lodi) alle recenti metodologie dell'apprendimento situato (Lave, Wenger, 1991); dallo strutturalismo educativo di Jerome Bruner

(1961), che si fonda sui diversi saperi disciplinari, fino alla teoria delle intelligenze multiple di Gardner (1987), che sottolinea l'esigenza educativa di una molteplicità di forme didattiche. Il superamento dell'equazione "aula=classe", prevede anche che ci siano delle regole sociali, durante gli spostamenti degli studenti. L'alternanza dei momenti di concentrazione in aula, con quelli degli spostamenti, creano uno scarico mentale, che permette una maggiore efficacia dell'apprendimento. Infatti un'attività fisica moderata ha effetti benefici sulle funzioni cerebrali, in particolare la capacità di attenzione. Nel progetto ILE, gli elementi innovativi di questo tipi di ambiente di apprendimento sono:

- il ripensamento dello spazio aula
- la gestione della risorsa docenti
- la gestione dei tempi di apprendimento, attraverso l'accorpamento delle ore di lezione
- l'impiego di metodologie didattiche basate sull'attivazione dell'allievo, favorite dalla dimensione laboratoriale delle aule disciplinari.

Nella progettazione delle aule disciplinari, bisogna avere attenzione a questi aspetti:

- progettazione spazi dell'Istituto
- esigenza di accorpare aule disciplinari affini
- predisporre una segnaletica per muoversi nelle varie aule

- elaborare l'orario scolastico per ottimizzare lo spostamento dei vari gruppi-classe
- utilizzo degli armadietti per gli studenti nei quali riporre indumenti e materiali
- utilizzo di device per ogni studente, in sostituzione dei libri di testo

Nell'esperienza Classi senza aule [...] i docenti hanno la loro aula, e il docente può personalizzare la sua aula, con strumenti specifici per la sua materia." (Castoldi M., 2020).

2.2.3 La "Future Classroom Lab" e la proposta 1+4 di INDIRE

Nel documento "The Classroom has Broken", Samuele Borri (INDIRE) fa una ricerca sull'innovazione degli ambienti scolastici, in termini di progetti, architettura e di arredi scolastici. Qui viene analizzato il prototipo di aula dell' European Schoolnet, la "Future Classroom Lab" (fig.12).

Figura 12. Prototipo della "Future Classroom Lab

"L'idea alla base dello sviluppo di questo spazio è emersa durante iTEC (*Innovative Technologies for Engaging Classrooms*), un progetto pilota paneuropeo su vasta scala coordinato da European Schoolnet, che si è concentrato sull'utilizzo e sull'integrazione delle TIC nelle scuole [...] Si tratta di un laboratorio sperimentale realizzato a Bruxelles e articolato in sei zone, ciascuna caratterizzata da una specifica modalità di apprendimento: indagare, creare, presentare, interagire, condividere, elaborare." (Borri, 2018)

Da questo modello è nata la proposta INDIRE degli 1+4 spazi educativi per la scuola del terzo millennio: "1" è lo spazio di gruppo, l'ambiente di apprendimento polifunzionale del gruppo-classe, l'evoluzione dell'aula tradizionale che si apre alla scuola e al mondo. Un ambiente a spazi flessibili in continuità con gli altri ambienti della scuola; "4" sono gli spazi della scuola complementari, e non più subordinati, agli ambienti della didattica quotidiana. I "4" spazi sono:

- **l'Agorà**, è lo spazio dove si riunisce la comunità scolastica;

- **lo spazio informale**, è il luogo del riposo, con ambienti comodi e sedute morbide;

- **l'area individuale**, è lo spazio per il raccoglimento, la riflessione e la lettura, con postazioni riparate e protette, con strumenti di lettura/scrittura individuale;

- **l'area per l'esplorazione**, spazio dedicato alla scoperta, dotato di strumenti per l'osservazione, la sperimentazione e la manipolazione.

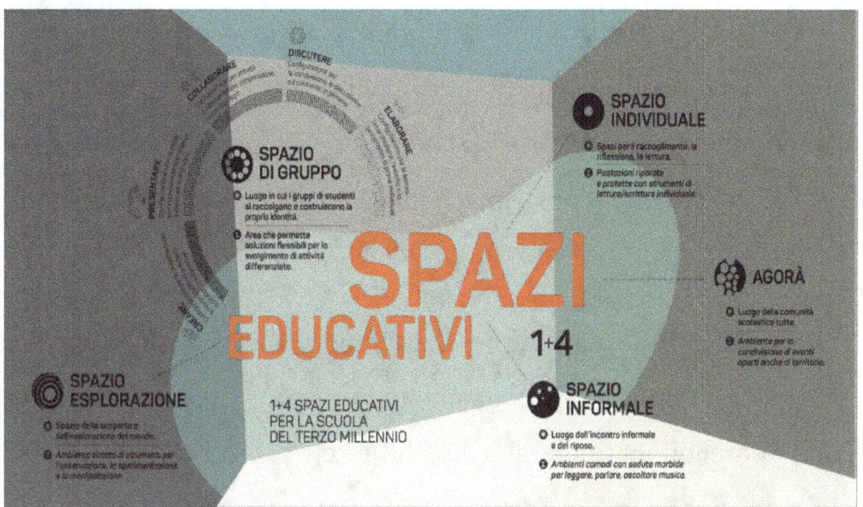

Figura 13. Modello 1+4 degli spazi educativi (INDIRE)

2.3. L'innovazione dei tempi: il tempo modulare

Attualmente, nel modello scolastico tradizionale l'ora di lezione rappresenta il fulcro attorno al quale si svolge la giornata, la settimana e l'anno scolastico. Nel tempo modulare, questa concezione viene modificata in diversi modi:

- l'unità oraria può essere ridotta (es. 45 min) o accorpata ad un'altra;

- l'orario annuale può essere modificato in base alle discipline, ovvero alcune di esse possono essere limitate ad un solo periodo (es. tre mesi) anziché spalmate su tutto l'anno scolastico;

- personalizzazione dell'orario attraverso dei moduli opzionali a scelta dello studente;
- scardinare l'orario basato sulle discipline (es. ore x per matematica, ore x per italiano) sostituendole con le unità di apprendimento. (Castoldi M., 2020).

"L'esigenza di una revisione del tempo scolastico, proviene dal fatto che i tempi dell'insegnamento non coincidano con i tempi dell'apprendimento, perché devono fare i conti con le differenze individuali. Sono nati diversi movimenti per affrontare questa problematica: Pedagogia della lumaca (2008) in Italia, sostenuta da Gianfranco Zavalloni, il quale propone strategie educative per il rallentamento della didattica, per attenuare la rigidità del tempo scolastico; Movimento per l'educazione lenta (2011), vuole tenere conto dei diversi ritmi di apprendimento, curricoli flessibili, che possano prevedere percorsi diversi a seconda dei tempi degli alunni." (Castoldi M., 2020).

Secondo il progetto ILE gli elementi innovativi del tempo modulare sono:

- la gestione dei tempi di apprendimento
- la gestione della risorsa docenti
- l'impiego di metodologie didattiche e valutative come metodologie di ricerca, esperienze di apprendimento autentiche, varietà degli approcci didattici
- sviluppo delle competenze. (Castoldi M., 2020)

2.4. L'innovazione delle metodologie

Attualmente, nell'organizzazione scolastica tradizionale che permane ancora oggi nelle scuole contemporanee, è presente il modello trasmissivo, attraverso il quale il docente trasmette le nozioni all'allievo utilizzando la modalità della lezione frontale. In questa modalità il protagonista del processo di apprendimento è l'insegnante, non l'allievo, che "subisce" passivamente la trasmissione delle informazioni. "La tradizione dei nostri sistemi formativi è legata ad un modello di apprendimento fortemente disciplinare, basato sull'accumulazione di contenuti [...] Il giusto orientamento per rispondere ai nuovi bisogni formativi è riassunto nella frase di Montaigne resa celebre da Edgar Morin: "è meglio una testa ben fatta che una testa ben piena". [...] Potremmo dire che una testa *ben fatta* dispone della capacità di orientare il processo di costruzione del proprio sapere." (Olimpo G., 2010). Nella società della conoscenza inoltre c'è un tipo di conoscenza "reticolare", tramite le connessioni, nodi, link collegamenti; invece a scuola si predilige un tipo di conoscenza "sequenziale", con l'unico strumento del libro di testo, come sostiene anche Luca Toschi, docente di "Teoria e tecniche della comunicazione per l'infanzia" presso la IUL. Secondo Luca Toschi, "la comunicazione formativa praticata nella scuola, nelle sue molteplici forme, opera incessantemente[…] consolidando il modello trasmissivo (si procede ad un trasferimento di possesso da me adulto a te giovane)[…] Pressoché ignorato a livello di grandi numeri è il processo generativo che, andando oltre la gestione della conoscenza esistente, tende a sostenere la creazione di una nuova conoscenza, adeguata ai tempi che cambiano, nel nostro caso all'impegno di rilevanza epocale che ci troviamo davanti." (Toschi L., 2015). La scuola quindi, secondo Toschi propone un modello di tipo gerarchico-trasmissivo, mentre dovrebbe utilizzare il modello generativo della conoscenza, anche grazie all'utilizzo delle nuove tecnologie. Questo modello è anacronistico, in quanto non si è adattato ai cambiamenti della trasformazione digitale in cui gli alunni sono immersi.

Qui di seguito alcune delle più recenti proposte innovative riguardo al cambiamento delle metodologie educative: le Scuole Dada, La Flipped Classroom, Clic, One to One Computing e Byod, Game Based Learning e Gamification.

2.4.1. Le Scuole DADA

Il progetto DADA, ovvero "Didattiche per ambienti di apprendimento", come scritto nel sito web, "nasce dall'idea di valorizzare il buono del nostro sistema educativo, colmare il gap con i best performers europei, migliorare ed incrementare il successo scolastico di **ciascuno studente** favorendone dinamiche motivazionali e di apprendimento efficaci per l'acquisizione delle abilità di studio proprie del *Lifelong Learning"*. L'attuazione di DADA, con la creazione di ambienti di apprendimento attivi dove gli studenti diventano sempre di più soggetti positivi della propria formazione, intende favorire la diffusione, nella didattica quotidiana, di approcci operativi che tengono conto della "piramide dell'apprendimento" in cui il "fare" garantisce una migliore sedimentazione delle conoscenze oltre che l'acquisizione di abilità e competenze. Le Scuole Dada sono realizzate con i seguenti approcci e visioni pedagogiche:

- **Approccio laboratoriale. I laboratori delle Scuole Dada** sono stati integrati nell'orario scolastico in modo da essere, di fatto, parte integrante delle attività curricolari;

- **Apprendimento costruttivista.** Le aule sono state corredate da tecnologie 2.0, dotazioni informatiche, multimodali ed arredi modulari per la creazione di un ambiente di apprendimento funzionale a favorire didattiche basate sulla logica costruttivista, collaborativa ed inclusiva.

- **Personalizzazione dell'ambiente di apprendimento.** L'arredo dell'aula, concepito in maniera flessibile e versatile si presta a rapide trasformazioni, per adattarsi alla lezione che il docente intende offrire di volta in volta. L'aula, per adattarsi alla lezione che viene proposta di volta in volta; l'aula, personalizzata dagli stessi docenti e resa da loro stessi confortevole ed ospitale, è un simbolo tangibile del cambiamento.

Nel Manifesto delle scuole DADA sono elencati i "5 postulati" che sono i pilastri fondanti di questo ambiente di apprendimento innovativo:

1. AULA – MONDO - AMBIENTE DI APPRENDIMENTO

Gli istituti funzionano per "aula–ambiente di apprendimento", assegnata a uno o due docenti della medesima disciplina e la rotazione dei gruppi classe nel cambio di insegnamento (nel post e trans pandemico anche su base plurigiornaliera). Il docente ha l'occasione di trasformare le modalità didattiche, avendo a disposizione tempi distesi in cui poter alternare differenti stili e pratiche di insegnamento, garantendo una variabilità e riattivazione dell'attenzione, non più strumentalmente determinata dai movimenti nelle pause didattiche. Variabilità intra-moenia e intra-curricolare.

2. INELUDIBILE COINVOLGIMENTO CORALE DELLA COMUNITA' EDUCATIVA

La peculiarità del DADA rispetto ad altre innovazioni e rispetto alle altre specifiche Avanguardie Educative (INDIRE) è nella pervasività ed ineludibile coinvolgimento corale di tutte le componenti delle comunità scolastiche che lo sperimentano (dirigenti, insegnanti, studenti, ecc...).

3. DA DISPOSITIVO ORGANIZZATIVO A "INCUBATORE DI INNOVAZIONI"

Il Modello DADA è un "dispositivo organizzativo" che sollecita molteplici effetti indiretti e "di sistema", determinando un indiscutibile movimento di comunità verso le innovazioni che lo rende quasi un "pretesto" per diventare "incubatore di innovazioni", che proprio grazie al dispositivo organizzativo si possono attivare autonomamente.

4. CONSAPEVOLEZZA DELLA *RATIO* PEDAGOGICO- DIDATTICA CHE MUOVE IL CAMBIAMENTO

La dirigenza, lo staff e le figure di referenza dell'istituto esplicitano consapevolmente e condividono una *ratio* pedagogica che sottende e muove l'adozione del modello: la visione di una scuola attiva, co- costruita, transazionale, bottom-up, caratterizzata da approcci didattici collaborativi e laboratoriali in cui si tenda alla centralità dell'alunno, in setting variabili e adattabili.

5. **RICONOSCIMENTO IDEAZIONE ORIGINARIA E ADESIONE ALLA COMUNITÀ DI PRATICA DADA, FISICA E DIGITALE.** Adesione e sottoscrizione dei principi, valori, stili educativi, visioni, esplicitati nell'Accordo di rete delle scuole DADA.

2.4.2. La flipped classroom

La "flipped classroom", o classe capovolta, inverte l'ambiente di apprendimento tradizionale in due aspetti, nel lavoro individuale e nel lavoro in aula in quanto: a casa si insegna (l'insegnante fornisce del materiale dove spiega la lezione) e a scuola si impara, si mette in pratica ciò che è stato spiegato, si eseguono compiti e attività. In questo modo viene liberato del tempo in classe, per svolgere attività coinvolgenti, per fare in modo che l'insegnante non debba usare tutto il tempo per spiegare la lezione ma occuparsi delle domande, dibattiti, discussioni e attività pratiche. Il capovolgimento della flipped classroom riguarda tre aspetti:

- <u>inversione temporale</u>, l'allievo ha più tempo per apprendere i contenuti a casa attraverso diversi materiali (audio, video) e l'insegnante ha più tempo in classe;

- <u>inversione didattica</u>, in quanto il lavoro individuale diventa più personalizzato, a seconda delle proprie modalità di apprendimento;

- <u>inversione del lavoro in aula</u>, riguarda il ruolo dell'insegnante che non si occupa più della lezione frontale, ma diventa "regista" dell'ambiente di apprendimento e non dovendo più spiegare la lezione può occuparsi di far svolgere attività in aula.

La flipped classroom è stata inventata da due insegnanti di chimica e scienze, Jonathan Bergmann e Aaron Sams i quali hanno capovolto la lezione per motivare gli allievi, permettere un apprendimento differenziato e così migliorare l'interazione docente-allievo. La flipped classroom permette il superamento del modello tradizionale scolastico perché:

- elimina la "tripletta ciclica" della didattica, spiegazione-assimilazione-valutazione

- supera il modello centrato sull'insegnante, la lezione e il libro di testo

- permette una differenziazione e personalizzazione dell'apprendimento

- promuove l'autonomia e la responsabilità degli allievi

- favorisce l'interazione tra docenti-allievi, tra studente e studente, tra insegnanti e famiglie

Secondo il progetto ILE gli elementi innovativi di questo ambiente di apprendimento sono:

- il ripensamento dello spazio aula;
- l'uso potenziato delle risorse digitali per l'apprendimento individuale;
- il lavoro individuale a casa e il lavoro sociale a scuola;
- l'attivazione dell'allievo. (Castoldi M., 2020)

2.4.3. CLIL (Content Language Integrated Learning)

La metodologia CLIL consiste nell'insegnamento di una disciplina (scienze, geografia ecc.) e di un particolare argomento di questa, in lingua inglese. "Il termine CLIL, introdotto da David Marsh e Anne Maljers nel 1994, si riferisce a una metodologia innovativa che valorizza i contenuti senza perdere di vista la lingua e viceversa: l'obiettivo è dunque [...] ovvero costruire ponti tra il contenuto e il linguaggio (Ball *et al.* 2015). In questi ultimi decenni numerosi studi hanno messo in luce le potenzialità della metodologia CLIL in termini di risultati di apprendimento degli studenti e rinnovamento delle strategie didattiche dei docenti, mettendo in rilievo gli effetti positivi di questa metodologia nel più ampio contesto educativo: gli studenti esposti al CLIL superavano i gruppi di controllo nelle quattro competenze linguistiche delle lingue straniere considerate. L'implementazione della metodologia CLIL comporta un ripensamento generale delle pratiche didattiche, del setting e dell'organizzazione generale della classe e della scuola, e ha un forte impatto su tutti gli attori della comunità scolastica (dirigenti scolastici, docenti, studenti, famiglie, territorio). L'acronimo CLIL è dunque strettamente correlato alla parola *innovazione*, non solo in riferimento all'uso delle tecnologie didattiche, ma anche in senso più ampio, per l'adozione di una vasta gamma di tecniche e metodi didattici attivi e interattivi, che puntano al reale protagonismo dello studente. Il ripensamento del curricolo scolastico alla luce del concetto di integrazione di obiettivi linguistici e obiettivi disciplinari correlato alla metodologia CLIL rappresenta un'importante innovazione. Si tratta di un approccio innovativo all'apprendimento, in quanto mira a superare i tradizionali limiti dei curricoli scolastici favorendo la costruzione di una conoscenza "complessa" e "integrata" del sapere, utilizzando metodi interattivi, puntando sulla gestione cooperativa della classe e sullo sviluppo di diversi tipi di comunicazione." (Cinganotto L., 2018). Un esempio di attività svolta in CLIL può essere la combinazione tra letteratura e lingua inglese, attività che ho svolto durante il Laboratorio di Inglese, nel CDL L-19 all'Università IUL. Ci era stato proposto di realizzare un video-storytelling partendo dall'adattamento di un romanzo, "Tom Jones" di Henry Fielding . Questo esempio si può applicare come metodo didattico a scuola, attraverso l'utilizzo delle tecnologie multimediali: video, animazioni, storytelling in lingua inglese.

2.4.4. One to One computing e Byod (Bring your own Device)

L'espressione "one to one computing" si applica a tutte le situazioni in cui gli alunni di una classe o di una scuola sono dotati di un device mobile personale connesso alla rete (netbook, laptop, notebook, tablet, smartphone) che viene usato nel corso di attvità didattche in classe, fuori dalla classe, ma anche a casa come strumento di studio e di lavoro. (Faggioli, Tecnologie dell'istruzione e dell'apprendimento, Università IUL, L-19, 2022).

"Alla recente edizione della Fiera ABCD di Genova, il Salone dell'Educazione e dell'Orientamento, sono state presentate due esperienze di one-to-one computing applicato alla didattica assai diverse ma per molti versi complementari. Un filo rosso che ha percorso l'intera fiera, tanto nella parte espositiva quanto nei seminari e nelle conferenze stampa, è il tema dell'introduzione nei contesti di insegnamento e apprendimento di tecnologie per la didattica in modalità one-to-one: ogni alunno e ogni docente di una classe ha a disposizione un dispositivo digitale portatile che utilizza sia nei contesti di apprendimento formale che informale. In sostanza si usa un *device* personale in classe e a casa, sfruttando le potenzialità della Rete nelle varie situazioni (rete locale scolastica, con- nessione domestica, access point pubblici o forniti da altri tipi di locali). Il Byod (Bring your own device) in italiano *"porta il tuo dispositivo"*, è un'espressione che descrive quelle politiche aziendali che in tutto il mondo consentono agli impiegati di utilizzare i propri dispositivi personali in ambiente di lavoro. Il ricorso a politiche attive per il BYOD in ambito educativo viene espressamente previsto, attraverso una specifica azione, dal Piano Nazionale Scuola Digitale (PNSD), il documento di indirizzo del Ministero dell'Istruzione dell'Università e della Ricerca *"per il lancio di una strategia complessiva di innovazione della scuola italiana e per un nuovo posizionamento del suo sistema educativo nell'era digitale"*. L'obiettivo è quello di *"alleggerire"* le classi da strumentazioni informatiche costose ed ingombranti, per promuovere una didattica digitale basata sull'integrazione dei dispositivi elettronici personali degli studenti e degli insegnanti (smartphone, tablet e PC portatili) con le dotazioni tecnologiche degli spazi scolastici. Si tratta senza dubbio di una irrinunciabile occasione che permetterà ai docenti di puntare al raggiungimento delle competenze attraverso la mediazione di linguaggi moderni e accattivanti, capaci di proporre i contenuti in chiave interattiva e multimediale, pronti a rispondere alle esigenze individuali degli alunni e in grado di incoraggiare modalità di apprendimento di tipo cooperativo. Ai ragazzi sarà così consentito, sotto la guida e il controllo dell'insegnante, di accedere al web in classe per ampliare gli orizzonti della ricerca e della conoscenza; di entrare a far parte di social network per la didattica dove l'apprendimento subisce un vero e proprio capovolgimento; di rispondere a quiz e sondaggi utilizzando direttamente il proprio smartphone come telecomando (student response systems). In questo contesto di innovazione metodologica e sperimentazione didattica, alla scuola, con l'ausilio di figure esperte ed il supporto di una specifica formazione per i docenti, sarà affidato anche il compito di educare le nuove generazioni al tema della sicurezza online e ad un uso critico e responsabile delle tecnologie digitali. La Direttiva del Ministro del 15 marzo 2007 (Linee di indirizzo ed indicazioni in materia di utilizzo di telefoni cellulari e di altri dispositivi elettronici durante l'attività didattica), che vietava a qualsiasi livello l'utilizzo dei dispositivi personali degli alunni, viene dunque superata dal Piano Nazionale Scuola Digitale, che anticipa, di fatto, apposite linee guida che il MIUR, in collaborazione con l'AGID e il Garante per la Privacy, stanno già sviluppando per promuovere il Bring Your Own Device all'interno della scuola italiana." (Tosi, 2018).

2.4.5. Game based learning e Gamification

Il "Game-based learning" è un metodo di apprendimento che consiste nell'utilizzo dei videogiochi come strumento didattico ed educativo. I giochi digitali permettono di immergersi in luoghi e scenari che nella realtà sarebbero difficili da rappresentare e a differenza della lezione frontale, in cui l'allievo è solitamente "passivo" durante le lezioni, nel videogioco gli studenti sono i veri e propri "protagonisti" e si sentono più coinvolti e motivati ad apprendere.

Quali sono quindi i benefici del "Game-Based learning" per gli studenti?

1. Migliorano l'autostima, più si va avanti nel gioco più si ha un senso di soddisfazione personale
2. Imparare in modo visivo e fisico migliora la memoria
3. Cresce la motivazione nel portare a termine l'attività
4. Si può applicare le competenze acquisite in contesti reali
5. Migliora il ragionamento logico, le abilità di problem-solving e le soft skills.

Il termine "Gamification" è stato coniato nel 2002 dallo sviluppatore Nick Pelling, fondatore di una start up di pubblicità in-game, ma solo nel 2010 la Gamification è diventata una metodologia didattica pienamente accolta nelle aule di tutto il mondo. L'uso di elementi propri del game design in contesti non ludici, come l'educazione, ha l'obiettivo di favorire l'interesse e il coinvolgimento degli utenti nelle materie tradizionali. La motivazione del giocatore si crea grazie all'adozione di alcune meccaniche di gioco: livelli di gioco, sfide, punti e ricompense. I livelli nei giochi aiutano a definire i singoli obiettivi, le ricompense permettono agli alunni di ricevere un feedback immediato sulle proprie prestazioni e infine il meccanismo del punteggio dei giocatori stimola una sana competizione.

Un esempio di Gamification è stata la realizzazione di Minecraft Education Edition, infatti il popolare gioco per bambini, Minecraft, è stato sottoposto ad uno studio di ben tre anni da Andrea Benassi, tecnologo della ricerca di INDIRE. In collaborazione con Microsoft Italia ha ideato "Mineclass", una sperimentazione che prevede un programma di formazione destinato ai docenti, per integrare l'uso di Minecraft nei programmi didattici tradizionali. Grazie a questa esperienza è nato Minecraft: Education Edition, la versione per la scuola, che consente di costruire ed esplorare nuovi mondi attraverso dei blocchetti 3D. Il gioco in particolare aiuta a sviluppare: creatività, capacità di collaborazione e problem-solving.

Nel libro "A scuola con Minecraft. Progettare un mondo a cubetti", Andrea Benassi racconta che questa esperienza ha coinvolto più di 300 classi e, come afferma Andrea Chiaramonti, amministratore delegato di Giunti Scuola, dimostra che "l'uso didattico di Minecraft si è rivelato molto utile nell'apprendimento di alcune materie, in particolare matematica, nelle discipline STEM, in Storia e educazione civica". Qui alcuni esempi, su come utilizzare Minecraft Education Edition nell'insegnamento di Scienze e Chimica in modo interattivo: "The Chemistry Update" è l'aggiornamento di Minecraft

Education Edition per apprendere la Chimica attraverso giochi ed esperimenti. Disponibile sia per Windows 10 che Mac OS, offre agli educatori e agli studenti un modo divertente e accessibile per imparare la Chimica dentro il mondo di Minecraft. Gli studenti possono creare elementi come palloncini di elio e stelle filanti, guardare gli elementi nella tavola periodica, costruita con i mattoncini di Minecraft e creare un laboratorio di chimica personalizzato. "Portare la chimica nel mondo di Minecraft aiuta gli educatori a fare in modo che gli studenti vengano coinvolti nel metodo scientifico, rinforzando la creativa risoluzione dei problemi attraverso gli esperimenti", afferma il direttore di Minecraft Education, Neal Manegold. Il Lab Book è una guida di riferimento per gli insegnanti che vogliono usare il pacchetto di chimica in Minecraft. Esso contiene un glossario e spiega come usare gli strumenti di Minecraft, per le lezioni di chimica.

Figura 14. Tavola periodica degli elementi realizzata con Minecraft Education Edition

2.5. L'innovazione delle tecnologie: gli approcci tecnologici in ambito educativo

L'innovazione delle tecnologie didattiche multimediali è iniziata già a partire dagli anni '70, nel mondo anglosassone. Ci sono state tre grandi scuole di pensiero che hanno influenzato anche l'ambito educativo:

- **comportamentismo**, con Skinner, il quale fu il primo ad ipotizzare l'utilizzo di una macchina per "apprendere e insegnare";
- **cognitivismo** (Piaget);
- **costruttivismo** (Papert).

Queste tre scuole di pensiero sono state così suddivise da Bianca Maria Varisco, in tre specifiche periodizzazioni con un utilizzo del computer in modalità differenti:

- computer come "tutor" (insegnante), dagli anni '60 in poi, coincide con la scuola del comportamentismo di Skinner; qui il computer viene visto come un tutor che deve insegnare all'allievo le nozioni principali, attraverso esercizi, domande, feedback e rinforzi.

- computer come "tutee" (allievo), dagli anni '80 in poi, coincide con l'approccio cognitivista di Piaget; dove il bambino attraverso la programmazione, "insegna" al computer diverse istruzioni;

- computer come "tool" (strumento), dagli anni '90 in poi, coincide con l'approccio costruttivista di Papert, dove il bambino costruisce attivamente dei prodotti, o artefatti. (Varisco B.M., 1999)

Dagli anni 2000 invece, non è più possibile una "periodizzazione", in quanto lo strumento informatico è diventato multiforme, attraverso i numerosi devices che negli ultimi anni si sono sviluppati e sono entrati nella nostra vita quotidiana. Nella scuola questa trasformazione è stata molto più lenta e solo da pochi anni sono state introdotte le tecnologie in ambito educativo; seppur in maniera parziale e spesso insufficiente. Le principali innovazioni in termini di tecnologie, applicabili in ambito scolastico, sono fiorite nell'ultimo decennio e sono in continua evoluzione: il coding, la modellazione e la stampa 3d e inoltre la IA (intelligenza artificiale), la più recente e ancora quasi "inesplorata" nel settore scolastico.

2.5.1. Il pensiero computazionale e il coding per la scuola del primo ciclo

Nell'articolo "Computational Thinking", scritto nel 2006, Jeannette Wing afferma che il pensiero computazionale dovrebbe essere insegnato nelle scuole come quarta competenza, dopo la lettura, la scrittura e l'aritmetica. Secondo Wing il pensiero computazionale non riguarda necessariamente l'utilizzo del computer o l'insegnamento dell'informatica: ma da quest'ultima attinge la modalità e gli strumenti utili per risolvere i problemi, sviluppando le capacità logiche per poterlo scomporre in parti più piccole e trovare una soluzione (Wing, 2006). Ciò è possibile interpretando i dati di un problema e trasformarli in "codice" e viceversa, nel riuscire a tradurre un determinato codice in "dati". Il pensiero computazionale è un processo cognitivo che coinvolge il ragionamento logico, attraverso diverse fasi, in particolare:

- **l'astrazione**, cioè la capacità di concettualizzare; l'abilità nell'astrazione sta nello scegliere il dettaglio da nascondere in modo che il problema diventi più facile, senza perdere niente di ciò che è importante.
- **la scomposizione**, ovvero ridurre il problema in parti più piccole, facilmente risolvibili;
- **il pensiero algoritmico,** è la capacità di pensare in termini di sequenze e regole per risolvere problemi o capire situazioni.

Il pensiero computazionale significa pensare in termini di contenimento dei danni e correzione degli eventuali errori. Infatti l'errore è fondamentale in questo procedimento e ingenerale nell'apprendimento: perché grazie ad esso è possibile trovare le strategie più adatte alla soluzione dei problemi. (Chioccariello, 2016). Dopo aver pubblicato l'articolo, Jeannette Wing è riuscita a mettere in discussione l'impianto del curriculum scolastico, generando un dibattito mondiale su questa capacità per anni trascurata dal mondo scolastico. Anche in Italia – seppur in ritardo rispetto ad altri Paesi – si è introdotto il "pensiero computazionale" come competenza da acquisire nella scuola dell'obbligo e nelle scuole superiori, prevedendo un cambiamento del curriculum. Come già visto in precedenza, analizzando le norme italiane, tra il 2014 e il 2015 ci sono state diverse leggi ed iniziative in Italia (Piano Nazionale Scuola Digitale, "Programma il futuro") che prevedono il rafforzamento delle competenze digitali e del pensiero computazionale a scuola, attraverso l'insegnamento dell'informatica e del coding. Il MIUR ha così motivato questa scelta:"il pensiero computazionale aiuta a sviluppare competenze logiche e capacità di risolvere problemi in modo creativo ed efficiente, qualità che sono importanti per tutti i futuri cittadini. Il modo più semplice e divertente di sviluppare il pensiero computazionale è attraverso la programmazione (coding) in un contesto di gioco. Come previsto anche nel Piano Nazionale Scuola Digitale, un'appropriata educazione al "pensiero computazionale", che vada al di là dell'iniziale alfabetizzazione digitale, è infatti essenziale affinché le nuove generazioni siano in grado di affrontare la società del futuro non da consumatori passivi ed ignari di tecnologie e servizi, ma da soggetti consapevoli di tutti gli aspetti in gioco e come attori attivamente partecipi del loro sviluppo."

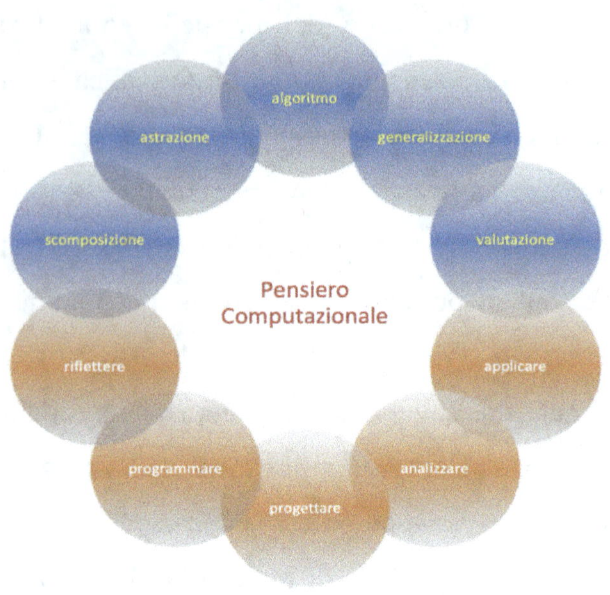

Figura 15. Le otto componenti del Pensiero Computazionale

Come è possibile sviluppare il pensiero computazionale nella pratica educativa?

Mitchel Resnick è l'ideatore di Scratch, un ambiente di programmazione gratuito, nato da un progetto del MIT (Massachusetts Institute of Technology). Scratch è stato realizzato per bambini e ragazzi, infatti presenta un linguaggio di programmazione con elementi di tipo grafico "a blocchi", come in un gioco di costruzioni. Scratch si ispira alla teoria costruzionista dell'apprendimento, secondo la quale l'individuo apprende in modo più efficiente se è coinvolto nella produzione di oggetti tangibili. Resnick sostiene che sia importante imparare a programmare perché: "[...]la maggior parte delle persone non diventerà un esperto di informatica o un programmatore, ma l'abilità di pensare in modo creativo, pensare schematicamente, lavorare collaborando con gli altri sono esperienze che le persone possono sperimentare, indipendentemente dal lavoro che fanno".

Sul sito di Scratch si trovano diverse idee e tutorial su come utilizzare il programma a livello didattico, spaziando da giochi matematici ed esperimenti, animazioni, creazione di storie e videogiochi: si scelgono i personaggi, gli sfondi, le azioni, attraverso dei blocchi da assemblare secondo un ordine preciso. L'utilizzo di Scratch è particolarmente utile al fine di sviluppare il pensiero computazionale, quindi competenze logiche, problem solving, creatività, oltre a favorire la collaborazione in gruppo.
Qui di seguito una storia realizzata con Scratch (fig. 16) che dimostra il potenziale di questo ambiente di apprendimento, sia per gli insegnanti che per gli studenti. In questo progetto, chiamato "The White Rabbit Adventures", che comprende giochi matematici, di logica e di lingua inglese. Il progetto è stato realizzato per il Laboratorio di Informatica, presieduto da Beatrice Miotti (ricercatrice INDIRE), nel Cdl L-19 dell'Università IUL.

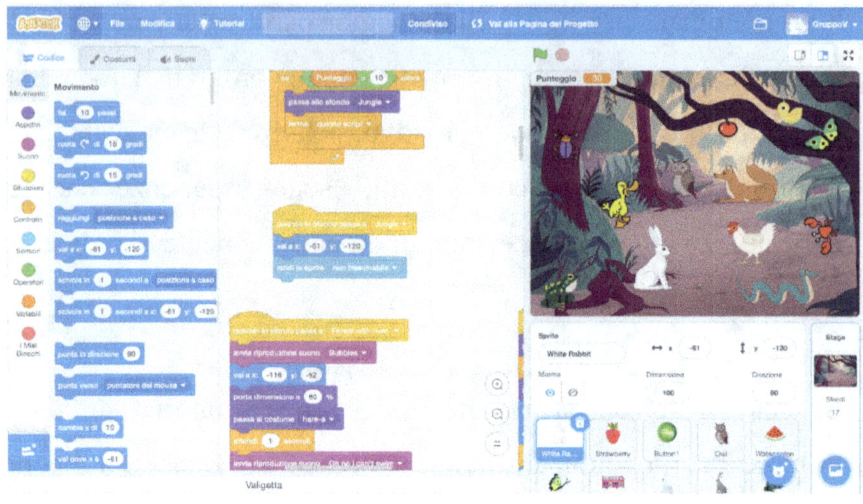

Figura 16. La schermata di Scratch (con a sinistra i blocchi del codice, a destra i personaggi)

2.5.2. Software di modellazione 3D: SugarCad

L'INDIRE ha sperimentato un software di modellazione 3D che è possibile utilizzare in ambito educativo: si tratta di una piattaforma open-source, ovvero SugarCad. Questo software permette di creare forme geometriche, composizioni, oggetti, che possono essere personalizzati dall'utente. Come spiegato nel sito del progetto 3D INDIRE, SugarCad è stato "progettato e realizzato mettendo al primo posto le esigenze del mondo scolastico", offrendo un'interfaccia user-friendly, semplice e intuitiva. Inoltre "SugarCAD è stato sviluppato considerando il setting tecnologico e le problematiche degli ambienti scolastici [...] Le forme create con SugarCAD possono essere esportate nel formato STL, in modo da poterle stampare in 3D". In campo educativo questo strumento si può coniugare ad una vasta gamma di discipline: non solo alla geometria, ma anche alla creazione di oggetti per ricerche di storia, scienze, arte. Cosa succederebbe se, studiando la Civiltà greca, il professore dividesse la classe in gruppi, ognuno dei quali avesse come compito quello di realizzare in 3D i principali monumenti della civiltà greca? Se al posto di una verifica sul Sistema Solare, il professore proponesse di ricrearlo in 3D? Oppure, dopo aver studiato l'arte babilonese, come reagirebbero gli studenti se, al posto della noiosa e tradizionale verifica, fossero chiamati a riprodurre un monumento in 3D babilonese? A tal proposito, nella lezione di Editing Multimediale del CDL L-19 presso l'Università IUL, ci è stato chiesto di realizzare un oggetto in 3D; in quel periodo lavoravo in una scuola elementare come educatrice e in una classe terza avevano appena studiato la Ziggurat babilonese, realizzando un modellino di carta. Da lì ho preso spunto per creare la Ziggurat in 3D con SugarCad, mostrando poi ai bambini il risultato: tutti sono rimasti colpiti e sorpresi, motivati dal voler apprendere di più su come avessi fatto a ricreare la Ziggurat in 3D.

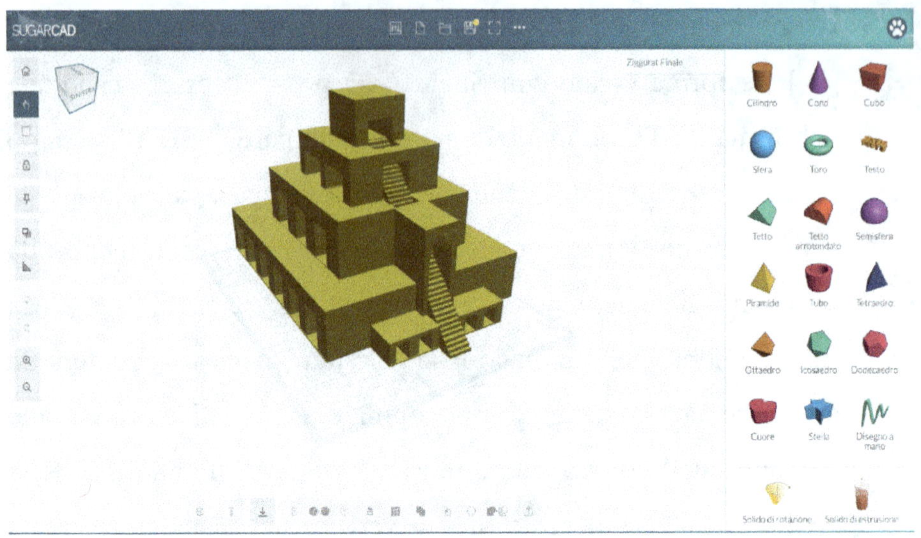

Figura 17. La schermata di Sugar Cad del progetto "La Ziggurat
in 3D)

2.5.3. L'Intelligenza artificiale nel contesto scolastico

L'AI (Artificial Intelligence) può dare un aiuto importante nell'arricchire l'esperienza didattica degli studenti. Può farlo, contribuendo a creare esperienze personalizzate di apprendimento per quanto riguarda:

- **l'acquisizione delle nozioni** (adaptive learning);
- **l'accessibilità ai contenuti** attraverso creazione di schemi, mappe concettuali e sistemi di filtraggio delle informazioni (smart learning content);
- **l'azione di tutoring e supporto** anche fuori dalle classi e dalle scuole (intelligent tutoring system).

Tali possibilità non sono teoriche, ma pratiche e già messe in atto. Un esempio lo offre Inspired Education Group, gruppo globale che comprende più di 80 scuole in cinque continenti. Per l'anno scolastico in corso ha avviato una piattaforma educativa, Inspired AI, accessibile a studenti e docenti in aula e in remoto (tramite PC, Smartphone, Tablet), che utilizza i "sistemi di raccomandazione", i cosiddetti Recommender system. I sistemi di raccomandazione sono software di filtraggio delle informazioni che sfruttano l'intelligenza artificiale per trasformare i dati in algoritmi predittivi. Da tempo vengono applicati in diversi settori, in particolare nei servizi di streaming e di e-commerce. Svolgono l'importante funzione di filtrare e personalizzare in modo automatico le informazioni, permettendo all'utente di far fronte al sovraccarico di dati a cui è quotidianamente sottoposto. L'utente viene aiutato nel processo decisionale in base alle scelte che ha svolto in precedenza. La piattaforma Inspired AI è in grado di costruire algoritmi di raccomandazione capaci di combinare fonti eterogenee (testi, immagini, video, audio) e di interpretare i dati in maniera sequenziale.

Marco Trapani (Head IT di Inspired Education Group) afferma che l'AI «può garantire una formazione personalizzata, più inclusiva, in grado di aprire l'accesso al sapere a tutti gli studenti. Gli elementi per pensarlo ci sono: il modello di trasmissione del sapere "in aula" spesso non può tenere conto delle differenze personali degli allievi (carattere, attitudine, velocità di apprendimento, maturità...), ed è qui che l'artificial intelligence può venire in aiuto colmando le lacune del modello in aula [...] anziché avere compiti uguali per tutti propone quelli più adatti affinché lo studente possa migliorare o colmare le lacune e quindi approfondire e utilizzare anche il tempo di studio in maniera molto più efficace rispetto a un approccio tradizionale» (Ballocchi, 2023).

Capitolo 3.   Innovazione nella scuola dell'infanzia

Le *Indicazioni nazionali (MIUR, 2012)* che ho già analizzato in precedenza, "fissano i traguardi anche per lo sviluppo delle competenze delle bambine e dei bambini della scuola dell'infanzia, delineando cinque campi di esperienza sui quali si basano le attività educative e didattiche della scuola dell'infanzia:

1. Il sé e l'altro
2. Il corpo e il movimento
3. Immagini, suoni, colori
4. I discorsi e le parole
5. La conoscenza del mondo

Ogni campo di esperienza offre oggetti, situazioni, immagini, linguaggi riferiti ai sistemi simbolici della nostra cultura capaci di stimolare e accompagnare gli apprendimenti dei bambini, rendendoli via via più sicuri." **Le Indicazioni nazionali del 2012 sono state aggiornate nel 2018 con il documento "Indicazioni nazionali e Nuovi Scenari",** che pone l'accento soprattutto sull'educazione alla cittadinanza, alla sostenibilità e anche alle competenze digitali, come indicato nel punto 6, dedicato alle "competenze sociali, digitali, metacognitive e metodologiche". Inoltre, nel campo di esperienza "I discorsi e le parole" è stata inserita la competenza digitale, il traguardo a cui il bambino (verso i 5 anni) deve arrivare consiste nell'avvicinarsi alla lingua scritta, esplorando e sperimentando prime forme di comunicazione attraverso la scrittura, incontrando anche le tecnologie digitali e i nuovi media". In particolare, nel curricolo dell'Istituto Comprensivo Giovanni Paolo II (Roma) sono stati formulati quattro livelli da raggiungere per quanto riguarda la competenza digitale nell'età pre-scolare:

1. **Il bambino assiste a rappresentazioni multimediali**. Assiste in piccolo gruppo a giochi effettuati al computer da parte di compagni più grandi.

2. **Il bambino, sotto la stretta supervisione e le istruzioni precise dell'insegnante, esegue semplici giochi** di tipo, logico, matematico, grafico al computer, utilizzando il mouse e le frecce per muoversi nello schermo. Visiona immagini presentate dall' insegnante.

3. **Il bambino su indicazione dell'insegnante, esegue semplici giochi di tipo logico, matematico, grafico al computer**, utilizzando il mouse e le frecce per muoversi nello schermo. Partecipa con l'insegnante e/o i compagni

alla realizzazione di semplici elaborazioni grafiche. Visiona immagini, brevi documentari, cortometraggi.

Vi sono poi dei documenti ministeriali che si occupano di stabilire gli orientamenti e le linee pedagogiche di questa particolare fascia d'età - definita "sistema integrato zerosei". Entrambi i documenti sono da considerarsi in continuità con le Indicazioni Nazionali del 2012.

Nel documento **"Linee pedagogiche per il sistema integrato zerosei"** (decreto legislativo 13 aprile 2017, n. 65) troviamo dei riferimenti sull'impostazione metodologica, su come deve essere organizzato l'ambiente e anche sull'uso delle tecnologie: "un'attenzione specifica deve essere riservata alla scelta dei sussidi tecnologici (tablet, robot, macchine fotografiche, videocamere, ecc.) il cui uso sarà in primo luogo familiare agli adulti. Un'educazione all'uso equilibrato delle tecnologie da parte dei bambini, anche attraverso il confronto con i genitori, è oggi una responsabilità non differibile per le istituzioni educative per l'infanzia" (Linee Pedagogiche per il sistema integrato zerosei, n.65, 2017).

Nella parte IV del documento **"Orientamenti Nazionali per i servizi educativi all'infanzia"**, (decreto ministeriale 24 febbraio 2022, n. 43) troviamo un riferimento all'importanza dei molteplici linguaggi che il bambino deve poter esplorare: "tutti i linguaggi hanno pari dignità e vanno ugualmente valorizzati

[...]Nei servizi per l'infanzia occorre perciò dare spazio ai linguaggi grafico-pittorici, plastici, musicali, coreutici, costruttivi, motori, ma anche scientifici, tecnologici." (Orientamenti nazionali per i servizi educativi all'infanzia, p. 24, 2022).

Qui di seguito analizzerò alcuni approcci innovativi, a partire dalla scuola dell'infanzia, che pongono l'attenzione sulla creazione di ambienti di apprendimento, modelli innovativi che accolgono l'uso degli strumenti digitali, come il Reggio Emilia Approach e i "Paesaggi digitali", l'utilizzo di LIM e Digital Storytelling, le stampanti 3D, il coding e la robotica educativa fin dalla prima infanzia.

3.1. L'innovazione degli spazi: Reggio Emilia Approach e Outdoor Education

Il "Reggio Emilia Approach" si basa sul pensiero di Loris Malaguzzi (1920-1944), un pedagogista e insegnante che, insieme ai suoi cittadini di estrazione più povera (contadini e operai) e alle istituzioni comunali ha contribuito a fondare le prime scuole d'infanzia autogestite nei borghi presso Reggio Emilia. La filosofia di Malaguzzi, spiegata nella poesia "Invece il cento c'è" - che fa anche parte del manifesto del Reggio

Emilia approach - sostiene che bisogna partire dalla visione del bambino, il quale deve potersi esprimere nei suoi "cento linguaggi":

Il bambino

è fatto di cento.

Il bambino ha

cento lingue

cento mani

cento pensieri

cento modi di pensare

di giocare e di parlare

cento sempre cento

modi di ascoltare

di stupire di amare

cento allegrie

per cantare e capire

cento mondi

da scoprire

cento mondi

da inventare

cento mondi

da sognare.

[...]

Gli dicono:

che il gioco e il lavoro

la realtà e la fantasia

la scienza e l'immaginazione

il cielo e la terra

la ragione e il sogno

sono cose

che non stanno insieme.

Gli dicono insomma

che il cento non c'è.

Il bambino dice:

invece il cento c'è.

(Loris Malaguzzi, "Invece il cento c'è")

Nelle scuole dell'infanzia basate su questo approccio, l'ambiente è organizzato in "Atelier", degli ambienti di apprendimento dove i bambini possono esplorare quei "cento linguaggi", supportati dalle figure degli atelieristi, che si occupano di allestire laboratori per lavori manuali, di conoscenza, di esplorazione scientifica, di creazione artistica ma anche di "natura" digitale. **"Nell'*atelier Paesaggi digitali*** (fig.18)**,** strumenti digitali come computer, videoproiettori, webcam, microscopi digitali, tavoletta grafica e materiali più tradizionali come strumenti grafici, materiali di micro e macro-costruttività, oggetti di uso quotidiano, specchi, strutture in plexiglass sono in stretta connessione nello stesso contesto e la loro interazione innesca modalità di esplorazione spiazzanti per bambini, ragazzi e adulti. Quanto si produce è affascinante sul piano scenico ma anche su quello dell'apprendimento e della formazione professionale, sono il risultato di una scoperta attiva attraverso ipotesi e verifiche. Il contesto iniziale delinea infatti alcune possibilità, ma è aperto alle variazioni e in continua evoluzione. Lo spazio e gli strumenti disponibili inducono a esplorare le zone di confine tra ottica e arte, grafica e tridimensionalità, costruttività reale e immateriale, logica e immaginazione, tra suoni, immagini, danze, narrazione e scenografia. Un invito a ricercare nuove connessioni tra le parti, attraverso un contagio che mescola tutto, rompendo schemi e categorie tradizionali, e a divenire costruttori attivi di saperi. Nell'*atelier Paesaggi digitali* è possibile agire contemporaneamente su più piani di rappresentazione, allenandosi a un pensiero integrato e flessibile tra digitale e analogico, astratto e concreto, virtuale e artigianale. La tecnologia non domina, non sostituisce, ma si integra con altri linguaggi. L'ambiente dell'atelier connette saperi ed esplorazioni multidisciplinari, generando strategie di apprendimento e nuove conoscenze."

Figura 18. Una foto dell'atelier "Paesaggi digitali"

Un'altra innovazione che riguarda il ripensamento dello spazio nella scuola dell'infanzia è l'**Outdoor Education**, una delle idee di Avanguardie Educative che si basa su una didattica attiva, svolta negli ambienti esterni alla scuola. Le attività spaziano da:

- esperienze di tipo percettivo-sensoriale (orto didattico, visite a fattorie, musei, parchi, ecc.);

- esperienze basate su attività esplorative tipiche dell'*Adventure education* (orienteering, trekking, vela, ecc.);
- progetti scolastici che intrecciano l'apertura al mondo naturale con la tecnologia (coding, robotica, tinkering, ecc.).

L'Outdoor Education nasce dalle esperienze delle scuole dei paesi nordeuropei e si sta diffondendo anche in Italia. A tal proposito, l'idea degli "asili nel bosco" è nata nel 2013 "grazie a due genitori romani che hanno preso ispirazione da una ricerca dell'Università di Bologna. I protagonisti sono Paolo Mai e Giordana Ronci, due educatori e genitori di tre bambini che inizialmente gestivano una scuola dell'infanzia a Roma, nel Parco della Madonnetta; successivamente hanno deciso di attuare l'outdoor education e hanno creato il primo "asilo nel bosco" nell'area di Ostia Antica (Salvo, 2017). Dal 2016 in poi l'idea si è diffusa e sono nati altri "asili nel bosco" nelle aree di Arona (NO), Belluno, Bassano del Grappa (VI), Modena, Otranto (LE), Bronte (CT), creando una rete sempre più capillare sul territorio." (Formella, Perillo, 2018).

"L'Outdoor Education non riguarda solo la didattica in ambienti esterni e naturali (giardini, fattorie, boschi) ma anche percorsi didattici in ambienti urbani (musei, piazze, parchi cittadini) per favorire il coinvolgimento dei bambini con il mondo reale. Come scritto nel Manifesto di *Avanguardie educative, gli orizzonti di riferimento* ai quali, nello specifico, si richiama l'Idea «Outdoor education» sono:

- Trasformare il modello trasmissivo della scuola
- Creare nuovi spazi per l'apprendimento
- Riorganizzare il tempo del fare scuola
- Riconnettere i saperi della scuola e i saperi della società della conoscenza." (D'Anna G., 2021)

3.2. L'innovazione delle metodologie: la LIM e il Digital Storytelling

L'introduzione della LIM (Lavagna interattiva multimediale) nelle scuole risale al 2008, con un piano creato ad hoc per inserire all'interno delle classi gli strumenti digitali. "La LIM rientra tra gli strumenti adottati nelle scuole per favorire la digitalizzazione scolastica. Nello specifico, è una lavagna elettronica su cui vengono proiettati contenuti digitali, ma attraverso la quale si può anche scrivere, disegnare, proiettare video, mostrare presentazioni e fare esercizi interattivi. Per questo motivo, la Lim come altri dispositivi digitali possono contribuire a un'educazione innovativa, venendo incontro alle diverse esigenze di apprendimento degli studenti." (OpenPolis, 2021). Da un'indagine condotta da OpenPolis, emerge che le LIM sono più diffuse nelle Scuole del primo ciclo d'istruzione e nei Licei, mentre non viene menzionata la Scuola dell'Infanzia.

Nella scuola dell'infanzia in cui lavoro come educatrice e assistente specialistica, rivolta ad un bambino con un disturbo e ritardo nel linguaggio (Scuola dell'infanzia Tina Pesaro, Castel S. Giovanni) la LIM è stata inserita per la prima volta all'interno di tre sezioni, durante l'anno scolastico 2022/2023. L'oggetto multimediale posto sulla parete ha destato sorpresa e curiosità da parte dei bambini, i quali pensavano fosse una tv o uno schermo molto grande. Dal punto di vista degli operatori del settore (le maestre di sezione) non è avvenuta alcuna formazione sull'uso di questo strumento; un'insegnante ha asserito che l'unico corso di formazione sulla LIM "è stato effettuato dieci anni fa" (rispetto all'inserimento della LIM nella sezione). La mia esperienza come educatrice nel settore educativo mi ha portato a lavorare in diversi cicli di istruzione, dalla scuola primaria fino alla secondaria; in tutte le classi era presente la LIM ed ho potuto vedere di persona come funzionasse e come gli insegnanti la utilizzassero nelle loro lezioni - spesso in maniera passiva, come semplice proiettore di video, oppure come proiettore del libro di testo, solo in rari casi veniva utilizzata in maniera interattiva, con giochi e attività. Quando sono arrivata in questa scuola dell'infanzia ho potuto aiutare le maestre a mettere in funzione la LIM, realizzando Digital Storytelling, utilizzando la modalità touch e facendo sperimentare ai bambini dei giochi interattivi; inoltre come potenziamento multimediale anche per i bambini con difficoltà comunicativa e attentiva. "Il digital storytelling è una modalità didattica che ha come fulcro il racconto e la narrazione, in modalità multimediale." (Bonasia T., 2016).   Nella scuola dell'infanzia è possibile realizzare digital storytelling:

- per creare storie inventate o racconti personali dei bambini;
- per narrare un'attività didattica e/o un'uscita didattica;
- per documentare il percorso dell'anno scolastico.

La realizzazione del digital storytelling si basa sulla creazione di disegni da parte di bambini, immagini oppure foto, che vengono poi selezionate e montate grazie ad applicazioni per montaggio video oppure strumenti sul Web come Canva, aggiungendo effetti sonori, musica o registrazioni vocali dei bambini. "I punti chiave del Digital storytelling, esposti da Joe Lambert, fondatore del Center for Digital Storytelling - sono:

1. *Point of view*, ovvero narrare la storia da un punto di vista personale;
2. *A dramatic question,* porre una domanda o un tema che sia di interesse;
3. *Emotional content,* creare contenuti coinvolgenti;
4. *The gift of your voice,* inserire la propria voce o quella dei bambini all'interno del video;
5. *The power of soundtrack,* è importante inserire effetti sonori o musiche;

6. *Economy*, bisogna evitare di aggiungere troppe immagini o testo, inoltre bisogna stare attenti alla lunghezza (un video efficace deve durare al massimo 3-4 minuti);

7. *Pacing*, è importante che il ritmo della storia sia adeguato al contenuto." (Bonasia T., 2016)

Un esempio di digital storytelling che ho realizzato è stato quello di un video su una canzone in inglese che i bambini dovevano imparare, per un corso di inglese che è stato proposto alle maestre. Il corso proponeva loro di scegliere tra due libri in inglese da narrare ai bambini e poi di realizzare un'attività didattica. Le maestre hanno narrato la storia del libro "One mole digging a hole", mostrando il libro illustrato. In un secondo momento, abbiamo proiettato sulla LIM la canzone che i creatori del libro hanno realizzato. Successivamente, abbiamo cantato la canzone con i bambini e poi ho creato un video su Canva dove ho mostrato la storia, inserendo immagini, animazioni e la canzone registrata da me alla chitarra.

Quando abbiamo proiettato il video, i bambini erano entusiasti e abbiamo cantato con loro la canzone eseguendo dei movimenti (per far capire loro il testo della canzone); i bambini hanno così cantato e ballato davanti alla LIM, in modo partecipativo ed attivo.

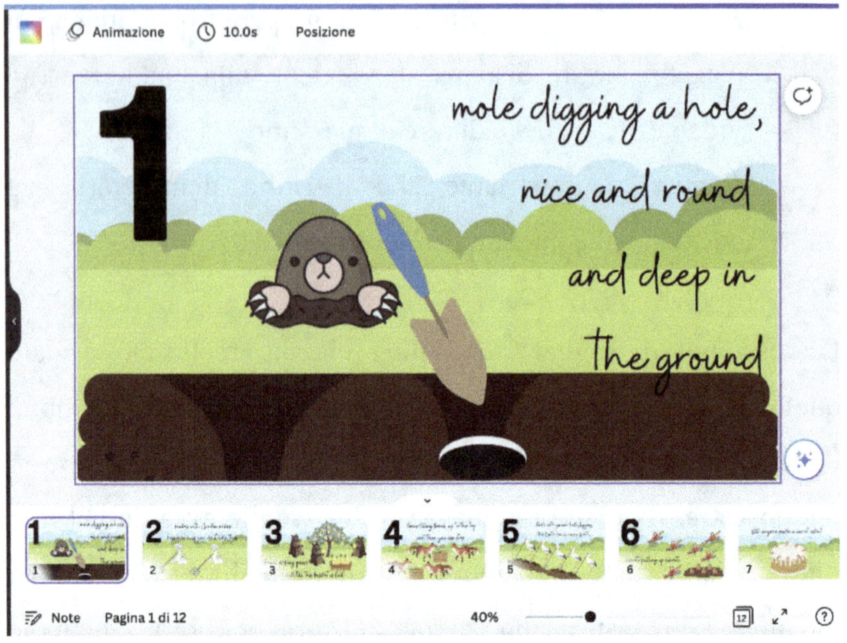

Figura 19. Schermata del Digital Storytelling in inglese, realizzato tramite "Canva"

3.3. L'innovazione delle tecnologie: stampante 3D, coding e robotica educativa

Il progetto di ricerca di Indire "Maker@Scuola: Nuove Tecnologie per la Didattica" è attivo dal 2014 e si occupa di monitorare, sia a livello europeo che internazionale, le esperienze educative legate al movimento dei "Maker" o "artigiani digitali", ovvero coloro che "si occupano di creare apparecchiature meccaniche, elettroniche, *software open source*, realizzazioni robotiche e tutto ciò che stimola il desiderio di innovazione." (Guasti L., 2014) Lorenzo Guasti, docente dell'Università IUL e referente del progetto, spiega che "l'obiettivo del progetto è quello di applicare il movimento dei Maker alla didattica laboratoriale nella scuola [...] un altro obiettivo è quello del superamento della didattica frontale e realizzare una didattica innovativa, dove gli alunni diventano i protagonisti dell'apprendimento L'inserimento nel programma didattico di attività di tipo Maker è in grado di potenziare: lo sviluppo delle competenze logico-matematiche; lo sviluppo delle competenze scientifiche e linguistiche; le meta-competenze; le *soft-skills*." (Guasti L., 2014). Inoltre sul sito del progetto vengono spiegate le caratteristiche principali riguardo a questo tipo di attività:

"Una metodologia **Tinker-ing,** rappresentata dal ciclo di design *Think- Make – Improve* (pensa-crea-migliora) che prevede una prima fase di ideazione, una seconda fase si realizzazione e una fase finale di verifica e miglioramento; l'ultima fase porta alla ridefinizione del progetto iniziale e delle idee assunte in partenza. In questa attività ciclica l'errore e le ipotesi sbagliate offrono la possibilità di migliorare. Una filosofia **Share-ing,** aperta alla collaborazione e alla condivisione della conoscenza piare il lavoro già fatto non significa"barare", al contrario è un'attività promossa, che sostiene e facilita il dialogo, che incoraggia i ragazzi a non temere gli sbagli, corretti dai loro stessi compagni. In questo contesto trovano spazio l'autoregolazione sociale, l'assertività e la responsabilità. Un approccio *Haker-ing*, che prevede di analizzare il funzionamento di certi oggetti, di scomporli e ricomporli e di utilizzare la conoscenza acquisita per creare cose nuove." (Guasti L., 2014)

Nel volume "Maker@scuola – Stampanti 3D nella scuola dell'infanzia", Lorenzo Guasti e colleghi hanno racchiuso le prime attività di sperimentazione realizzate nel 2016, "nel quale si ripercorre il percorso che in questi anni ha coinvolto alcuni docenti delle scuole dell'infanzia italiane che hanno integrato questo innovativo tipo di attività nel piano didattico. Come parte integrante della ricerca è stato realizzato l'ambiente online 3D INDIRE che include una serie di strumenti di modellazione e di ottimizzazione della stampa, uno spazio di condivisione dei modelli e delle esperienze realizzate. Al suo interno si trovano strumenti utili per la configurazione e l'utilizzo dei programmi per la stampa 3d in classe, tra cui: In3Dire, un apposito server dedicato (di recente sostituito con la piattaforma D-book), e SugarCAD (già citato in precedenza)." (Guasti et al. 2017).

"Nell'anno scolastico 2017/18 la ricerca basata sull'uso della stampante 3D è proseguita con un incremento delle scuole coinvolte: diventano infatti più di cento gli istituti coinvolti nel progetto, fra scuola dell'infanzia e scuola primaria. Inoltre, grazie a una convenzione con l'Istituzione Scuole e Nidi d'Infanzia del Comune di Reggio Emilia (Reggio Children) si avvierà un progetto pilota presso uno dei loro Asili aventi al suo interno un Atelier." (Guasti et al. 2017).

Un'altra innovazione nella scuola dell'infanzia riguarda il **coding e la robotica educativa.** Beatrice Miotti, ricercatrice INDIRE e docente di informatica presso l'Università IUL, assieme ai colleghi Giovanni Nulli e Margherita Di Stasio hanno analizzato il tema del coding e della robotica educativa a partire dalla scuola dell'infanzia. Nella loro ricerca si afferma che "[…]Benché la robotica educativa e il coding siano emersi nel panorama educativo italiano in tempi piuttosto recenti, la loro origine risale almeno al 1980 quando Seymour Papert scrisse "Mindstorms", testo divenuto pietra miliare per tutti coloro che hanno deciso di approcciarsi a modalità laboratoriali secondo un paradigma costruzionista (Papert, 14). In questo volume Papert, oltre a esporre la sua teoria secondo cui i bambini possono imparare a usare i computer in modo proficuo e allo stesso tempo imparare a usarli permette loro di cambiare il loro modo di imparare qualsiasi cosa, descrive come l'utilizzo del linguaggio LOGO per controllare una tartaruga meccanica o virtuale sullo schermo, permetta ai bambini di capire e interiorizzare concetti matematici astratti […]" (Di Stasio, Miotti, Nulli, 2022). Nel volume "Robotica educativa e coding: strumenti per la trasformazione del curricolo" scritto da Miotti e colleghi emerge chiaramente che sia possibile coniugare il coding e la robotica educativa anche in progetti didattici dedicati alla fascia d'età della Scuola dell'infanzia. I principali strumenti creati ad hoc per questo scopo sono diversi:

- Bee-bot (fig.20), un robot a forma di ape che è possibile programmare e far muovere a seconda di alcuni comandi;

- Cubetto (fig.21), un set fornito di un cubo di legno (robot), una mappa in tessuto, una console e sedici tasselli colorati da inserire nella console per far muovere il cubo a seconda di alcune precise indicazioni.

- Lego Education WeDo 2.0 (fig.22), mattoncini lego programmabili attraverso un software, pensato per il contesto scolastico.

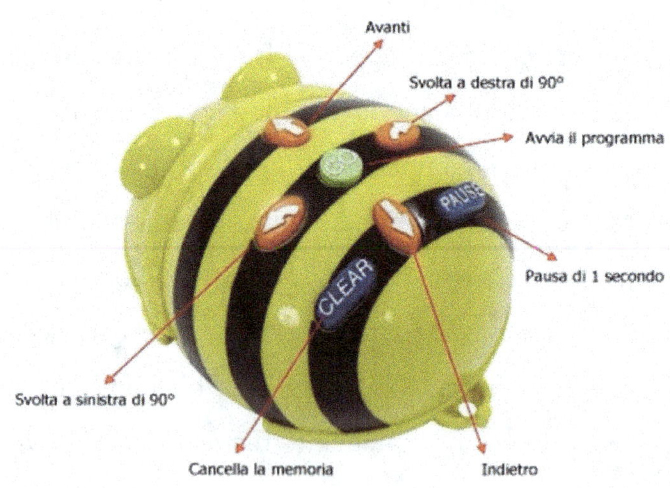

Figura 20. Bee-bot e i suoi comandi per la programmazione.

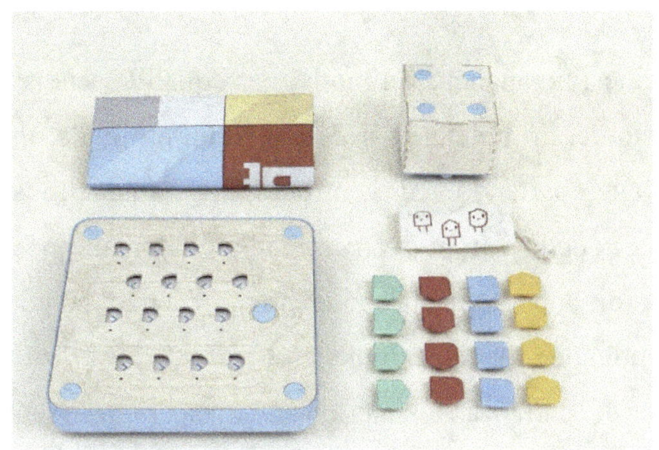

Figura 21. Cubetto e il set per programmare.

Figura 22. Lego Education WeDo 2.0, set di mattoncini
Lego programmabili.

Conclusioni

In questa tesi ho analizzato i motivi per i quali la scuola italiana - soprattutto del primo ciclo - necessita di un profondo processo di innovazione; partendo dal confronto tra il modello scolastico italiano e quelli europei, analizzando quali sono i principali ambienti di apprendimento innovativi, tenendo conto dell'uso delle tecnologie didattiche digitali.

La base di partenza è stata la mia esperienza scolastica e lavorativa; successivamente l'analisi si è basata sulla consultazione della letteratura in merito, su libri di testo e su articoli che approfondivano queste questioni. La domanda che mi ha spinto ad approfondire questo argomento è essenzialmente questa: perché se la società si è trasformata così rapidamente, a livello tecnologico, multimediale, tale cambiamento non è avvenuto anche nelle scuole? Inoltre, perché il modello trasmissivo tradizionale - inefficace per gli studenti di oggi, nativi digitali - non viene messo in discussione dagli Istituti Scolastici?

Nella mia esperienza di educatrice scolastica, durata dal 2020 ad oggi, ho potuto constatare di persona quale fosse la situazione scolastica in merito all'innovazione digitale delle scuole odierne, a partire dalla scuola dell'infanzia, fino alle scuole elementari e secondarie di primo grado. In termini di strumenti, le scuole in cui ho lavorato si sono dimostrate attive per quanto riguarda la dotazione delle LIM per ogni classe, il registro elettronico e la creazione di profili digitali per ogni studente sulla piattaforma Google Classroom, mediante la quale vengono spesso assegnati i compiti da svolgere: presentazioni multimediali, elaborazione di testi e video, oppure piccoli compiti di coding, attraverso Mblock o Scratch. Tuttavia, problemi come la mancanza di un'adeguata connessione nelle scuole, l'inadeguata formazione dei docenti in tema digitale, si sono rivelati allarmanti, ostacolando la possibilità di innovare il metodo trasmissivo tradizionale. Un altro problema, a mio avviso, è la poca importanza assegnata all'attività pratica in classe, relegando "il fare pratica" allo svolgimento del compito a casa. Questo può essere un problema per diversi motivi:

- studenti con BES o DSA hanno più difficoltà a svolgere determinati compiti a casa, senza un'adeguata assistenza - sia di tipo familiare, che professionale;
- i nuclei familiari con svantaggi socio-economici non hanno la possibilità di avere un'adeguata connessione internet oppure sono sprovvisti di pc;
- l'attività pratica a scuola renderebbe lo svolgimento del compito più semplice, motivante e l'apprendimento verrebbe facilitato.

Nella mia esperienza ho sempre cercato di svolgere, con gli alunni che mi erano stati assegnati (con BES o DSA) la maggior parte dei compiti a scuola, per cercare di alleggerire il peso dei compiti e per dare loro un supporto a scuola, dato che a casa non avevano la stessa possibilità di essere seguiti. Per questo, mi domando:

perchè non viene prevista un'attività di doposcuola con educatori che seguono bambini svantaggiati, con BES e DSA, nello svolgimento di tali compiti? Per garantire una vera innovazione a mio avviso - e allo stesso tempo, una reale integrazione - occorre, oltre all'adozione delle Avanguardie Educative e dell'Informatica nel curricolo scolastico dalla prima infanzia, che vi sia una scuola aperta, come un "Community Center". Quindi, alla luce dei dati presentati, come è possibile innovare il modello scolastico italiano?

- **Le Avanguardie Educative dovrebbero rientrare nelle normative di legge sulla scuola, tenendo conto del contesto in cui sono inserite** (piccole comunità, contesti urbani ecc.), come sostiene Giovanni Biondi; quindi andrebbe inserita una nuova norma rispetto alle Indicazioni Nazionali e Nuovi Scenari, affinché le scuole adottino una o più proposte delle Avanguardie Educative;

- **L'informatica andrebbe inserita nel Curricolo Scolastico dal primo ciclo fino alla Scuola Secondaria Superiore**; non basta la "revisione" della materia Tecnologia nella scuola secondaria di primo grado, per questo andrebbe revisionato il PNSD e introdotto il nuovo piano scuola digitale 4.0;

- **Gli animatori digitali, previsti dal PNSD, dovrebbero essere delle figure specializzate nel settore in supporto agli insegnanti** (e non essere i docenti stessi); inoltre la figura di un solo animatore digitale per ogni scuola è insufficiente per garantire a tutti gli allievi le adeguate competenze digitali;

- **La formazione degli insegnanti in tema di informatica e digitale andrebbe potenziata e resa obbligatoria,** tramite enti accreditati dal MIUR attraverso varie modalità (dad, on the job);

- **La scuola dovrebbe rimanere aperta e prevedere dei momenti di aiuto-compiti pomeridiani,** per aiutare gli alunni svantaggiati e/o le famiglie in difficoltà economiche, sociali o culturali.

Bibliografia

- Anichini A., *La didattica del futuro*, Pearson, 2012.
- Ballocchi A., *Intelligenza artificiale a scuola: ecco come può aiutare studenti e docenti,* 2023. https://tech4future.info/intelligenza-artificiale-a-scuola
- Bassani L., Benassi A., Ferrini A., Garzia M., Guasti L., Mangione G. R., Niewint-Gori J. & Rosa A., *Maker@Scuola Stampanti 3D nella scuola dell'infanzia,* Firenze, Assopiù Editore INDIRE, 2017.
- Batini F., Consoli G., De Luca A. M., Fabbri L., Felisatti E., Iavarone M. L., Lucisano P., Marzano A., Moretti G., Perla L., Sposetti P., Szpunar G., Trinchero R. & Vannini I., *Per un confronto sulle modalità di didattica a distanza adottate nelle scuole italiane nel periodo di emergenza COVID-19,* Ricerca Nazionale SIRD, 2020: https://www.sird.it/wp-content/uploads/2020/07/Una_prima_panoramica_dei_dati.pdf
- Benassi A., Cigognini M. E., Cinganotto L., Di Stasio M., Nencioni P., Parigi L., Pedani V., Pettenati M. C., Rosa A., Taddeo G. & Tancredi A., *Indagine tra i docenti italiani - Pratiche didattiche durante il lockdown, Report preliminare,* INDIRE, 2020:

https://www.indire.it/wp-content/uploads/2020/07/Pratiche-didattiche-durante-il-lockdown-Report-2.pdf

- Benzi G., Ragazzo L., *Dal curricolo digitale al Manifesto digitale nella scuola*, INDIRE, 2022. https://www.indire.it/wp-content/uploads/2022/10/Curricoli-digitali.pdf
- Bergman J., Sams A., *Flip your classroom*, Giunti Editore, 2016.
- Biondi G., *La scuola dopo le nuove tecnologie*, Apogeo Education, 2007.
- Bonasia T., *Storytelling digitale: un nuovo strumento per la didattica*, Seminario di Cultura Digitale, Università di Pisa, 2016.
- Borin P., Franceschini G., *Il curricolo nella scuola dell'infanzia*, Carocci Editore, 2014.
- Borri S., The Classroom has broken - Changing School Architecture in Europe and Across the World, INDIRE, 2018. https://www.indire.it/wp-content/uploads/2019/02/Laula-si-%C3%A8-rotta-EPUB.pdf
- Bottino R., *Innovare la didattica a scuola, ecco le condizioni: il ruolo del docente*, in "Agenda Digitale", 2018.

https://www.agendadigitale.eu/scuola-digitale/innovare-didattica-e-scuola-si-puo-ecco-come-creare-le-condizioni/

- Castoldi M., *Ambienti di apprendimento*, Carocci Editore, 2020.
- CERI - INNOVATIVE LEARNING ENVIRONMENTS (ILE), ©OECD, 2012.
  oecd.org/edu/ceri/innovativelearningenvironments.htm
- Chioccariello A., *Pensiero computazionale: una guida per gli insegnanti*, Istituto per le tecnologie didattiche, CNR, 2016.
  https://pensierocomputazionale.itd.cnr.it/pluginfile.php/957/mod_page/content/7/Guida%20al%20Pensiero%20Computazionale.pdf
- Cimò E., *L'importanza di essere connessi: l'educazione digitale nei curricoli scolastici dei sistemi educativi europei e il nuovo curricolo francese nell'area delle scienze digitali*, Unità italiana di Eurydice, in "IUL Research", Vol.1, n.1, 2020.
- Cinganotto L., *Clil e Innovazione,* in "Selm - Scuola e lingue moderne", Loescher Editore, n.4-6, 2018.
- Di Stasio M., Miotti B. & Nulli G., *Robotica educativa e coding: strumenti per la trasformazione del curricolo*, Carocci Editore, 2022.

- D'Anna, G., *Outdoor Education e la nuova proposta di Avanguardie Educative*, INDIRE, 2021. https://www.indire.it/2021/05/19/outdoor-education-e-la-nuova-proposta-dinnovazione-di-avanguardie-educative

- Dursi G., *Scuola digitale, sperimentazione eterna: perché non riusciamo a fare di più*, in "Agenda Digitale", 2018. https://www.agendadigitale.eu/scuola-digitale/scuola-digitale-sperimentazione-eterna-perche-non-riusciamo-a-fare-di-piu/

- Education Endowment Foundation, 2020. https://d2tic4wvo1iusb.cloudfront.net/documents/annual-reports/EEF_Annual_Report_2020_-_interactive.pdf?v=1632902506

- Eurostat, Early leavers from Education and training, 2022. https://ec.europa.eu/eurostat/statistics-explained/index.php?title=Early_leavers_from_education_and_training

- Formella Z., Perillo G., *L'Outdoor Education e le Scuole dell'infanzia nel bosco per crescere a contatto con la natura*, Roma, Università Pontificia Salesiana, 2018.

- Nardi A., Rossi F., Toci V., *Le dimensioni dell 'innovazione: un framework per la valutazione dei processi di innovazione scolastica*, in "Iul Research", Vol.1, n.1 2020.

- Niglio E., *Social Innovation: teorie, analisi del fenomeno e casi italiani*, Roma, LUISS, 2018.
- OECD, *TALIS 2018 Results (Volume I), Teachers and School Leaders as Lifelong Learners*, TALIS, OECD Publishing, Paris, 2019. https://doi.org/10.1787/1d0bc92a-en.
- OECD, Digital Economy Outlook 2020, OECD Publishing, Paris, 2020 https://doi.org/10.1787/bb167041-en.
- Olimpo G., *Società della conoscenza, Educazione, Tecnologia*, in "Italian Journal of Educational Technology", Vol. 18, n. 2, 2010. https://doi.org/10.17471/2499-4324/276
- OpenPolis, La diffusione delle LIM nelle Scuole Italiane, 2021. https://www.openpolis.it/la-diffusione-della-lim-nelle-scuole-italiane/
- Ranieri M., *La scuola dopo la Dad. Riflessioni intorno alle sfide del digitale in educazione*, in "Studi sulla formazione", Vol. 23, pp. 69-76, 2020. https://hdl.handle.net/2158/1224409
- Save the Children, *Game Based Learning, Gamification e didattica: cosa sono*, 2020. https://www.savethechildren.it/blog-notizie/game-based-learning-gamification-e-didattica-cosa-sono

- Sergiovanni J. T., *Costruire comunità nelle scuole*, LAS - Libreria Ateneo Salesiano, 2000.
- Toschi L., *La comunicazione generativa*, Apogeo Education, Maggioli Editore, 2015
- Tosi L., *Didattica e one-to-one computing: tra mito e realtà*, in "Rivista Bricks", 2018.
- Varisco B. M., Le tecnologie didattiche, Pensa Multimedia, 1999.
- Wing J., *Computational thinking*, tradotto da A. Camerlengo, *Il pensiero computazionale*, Flaccovio Editore, 2017.

Fonti normative

- Indicazioni Nazionali per il curricolo della scuola dell'infanzia e del primo ciclo d'istruzione, D.M. n. 254 del 13 novembre 2012.
- Riforma "La buona scuola" (L. n. 107/2015).
- Linee pedagogiche per il sistema integrato zerosei, decreto legislativo 13 aprile 2017, n. 65.
- Indicazioni Nazionali e Nuovi Scenari, MIUR, 2018.
- European Community, Consiglio dell'Unione Europea, "Key competences for lifelong learning", 2018.
- Pon (Piano operativo Nazionale), MIUR, 2014-2020.

- D.P.C.M. 4 marzo 2020. Ulteriori disposizioni attuative del decreto-legge 23 febbraio 2020, n. 6, recante misure urgenti in materia di contenimento e gestione dell'emergenza epidemiologica da COVID-19, applicabili sull'intero territorio nazionale.

- Piano Scuola 4.0, PNRR - Missione 4: Istruzione e Ricerca, MIUR, 2022.

- Orientamenti Nazionali per i servizi educativi all'infanzia", decreto ministeriale 24 febbraio 2022, n. 43.

Sitografia e documenti online
(ultima consultazione 06/09/2023, 14:02)

- **Scuole senza Zaino.** https://www.senzazaino.it/chi-siamo/visione/i-3-valori-senza-zaino

- **Avanguardie Educative.**
  https://www.indire.it/progetto/avanguardie-educative/

- **Piano Nazionale Scuola Digitale (PNSD), 2016.**
  https://scuoladigitale.istruzione.it/pnsd/

- **Digital Education Action Plan, Unione Europea, 2021-2027.** https://education.ec.europa.eu/it/focus-topics/digital-education/action-plan.

- **INDIRE.** https://www.indire.it

- **Modello 1+4 Spazi educativi, INDIRE**

https://www.indire.it/progetto/ll-modello-1-4-spazi-educativi

- **Progetto "Maker@scuola" INDIRE.** https://www.indire.it/progetto/maker-a-scuola/

- **Modello DADA.** https://www.scuoledada.it/modello-dada

- **Manifesto Scuole DADA.** https://www.scuoledada.it/images/Bibliografia/Manifesto_scuole_Modello_DADA_Fattorini.pdf

- **Lab book - Minecraft Education Edition.** https://meedownloads.blob.core.windows.net/learning-experience/Chemistry/Chemistry-Lab-Journal.pdf

- **Competenze digitali - Scuola dell'infanzia dell'I.C. Giovanni Paolo II.** https://www.icgiovannipaoloii.edu.it/old/attachments/article/1159/004_Competenze%20digitali.pdf

- **Reggio Children Approach.** https://www.reggiochildren.it/reggio-emilia-approach/

- **Atelier "Paesaggi digitali".** https://www.reggiochildren.it/atelier/atelier-paesaggi-digitali/